Dörte Nohrden

Radeln für die Seele in und um Hamburg

15 Wohlfühltouren

Droste Verlag

ALLE RADTOUREN AUF EINEN BLICK

Ausblick aufs Himmelmoor

Eisvogelweg im
Sachsenwald

Ein herzliches Moin liebe Genussradelnde,

für eine Seelenauszeit können wir in Hamburg getrost aufs Kofferpacken verzichten, denn die Freiheit beginnt direkt vor der Haustür. Welch ein Glücksgefühl, entlang glitzernder Wasserwege, durch Wälder, Moore oder auf dem Marschbahndamm sorglos dahinzugleiten und den Alltag abzustreifen.

Über vier Jahreszeiten hinweg habe ich mich mit Herzblut in die Pedale geschwungen und 15 Wohlfühltouren rund um das nordische Juwel für Sie erkundet und zusammengestellt. Fernab von Motorenlärm verwöhnen die Routen mit wohltuender Ruhe, blühenden Parks und Gärten und viel maritimem Flair. Jede Tour inspiriert mit ureigenem Charakter und lädt Sie ein, neue Kraft zu tanken.

Lassen Sie sich in paradiesische Gefilde und zu unterschiedlichsten Erlebnispunkten entführen. Wie wäre es mit einem Picknick im Himmelmoor oder einem Café unter blühenden Altländer Obstbäumen? Sind Sie jemals barfuß durch die Hamburger Dünenlandschaft gestreift oder beim erhebenden Panoramablick vom Wilhelmsburger Horizontweg ins Schwärmen geraten?

Mit (hoffentlich) Sonne im Gesicht und frischem Wind um die Nase erleben Sie vom Sattel aus Natur- und Kulturoasen in und um die bilderbuchschöne Hansestadt. Ich wünsche Ihnen beim Stöbern und genüsslichen Dahinradeln viel Vergnügen und eine herrliche Auszeit vom Alltag!

Ahoi, Ihre Dörte Nohrden

NATUR-INFO

KULTUR-INFO

TOUREN-/EVENT-INFO

GENUSS-INFO

- 27 Kilometer
- 268 Höhenmeter
- 3 Stunden
- Rundtour

Garten des Südens im Arboretum

Auszeittour 1

Himmlische Auszeit

Rund ums Quickborner Himmelmoor

Vom Vorplatz des **Bahnhofs Quickborn** radeln wir westlich in die Straße Am Freibad. An jenem vorbei, stoßen wir bald auf die Ellerauer Straße, in die wir links abzweigen und über die nächste große Kreuzung mit der Kieler Straße hinwegfahren. Nach etwa 100 Metern steuern wir rechts in den Klingenberg, um nach wenigen Hundert Metern durch ein Wohngebiet bald links in die Heinrich-Hertz-Straße abzubiegen.

Auf dieser bleiben wir für rund 200 Meter, bis ein Straßenschild rechter Hand den Weg in den **Himmelmoorweg** weist. Schon jetzt tun sich zur Linken grüne Acker- und Getreideflächen auf. Für 500 Meter geht es genüsslich geradeaus; hinter den rot-weißen Pollern wird der Weg etwas schmaler. So erreichen wir die **Himmelmoorchaussee**, welche kurz darauf mit einem scharfen Linksknick in Richtung **Torfwerk** ❶ führt. Auf den vor uns liegenden 500 Metern passieren wir einen Bauernhof samt Pferdeweiden und eine kleine **Brücke**, die über die Pinnau führt. Wir radeln auf den Spuren der historischen Torfbahn und stehen bald vor den Toren des alten Torfwerks. Hier, an einem großen Parkplatz samt Infotafeln, starten wir die Erkundungstour ins märchenhafte **Himmelmoor** ❷. Fast 150 Jahre lang wurde hier industriell Torf abgebaut; kleine Torfloren ratterten auf schmalen Schienen durch das Hochmoor, bis der Betrieb 2018 eingestellt wurde. Bereits in den 1980er-Jahren wurden umfangreiche Renaturierungsmaßnahmen angeschoben, wie die Wiedervernässung alter Torfabbauflächen.

!

*Organisiert von der Torfbahn AG, können Besucher in einer historischen **Torflore** auf Rundtouren gemütlich durchs Himmelmoor tuckern. Der Förderverein Himmelmoor e. V. wiederum bietet naturkundliche Wanderungen/Exkursionen an.*

Moorlehrpfad

Am Ende des Parkplatzes treffen wir bereits auf den Rundweg, an dieser Stelle durch eine **holzgeschnitzte Eule** markiert, die auf einem Baumstumpf thront. Eine Übersichtstafel weist die verschiedenen Moorwege aus. Hier entlang verläuft der 4 Kilometer lange **Moorlehrpfad ❸**. Über 20 teils interaktive Infostationen spicken diesen 2017 fertiggestellten Pfad. Um in seinen Genuss zu kommen, zweigen wir nach rechts ab und folgen ihm für die nächsten fast 2 Kilometer in einem großen Linksbogen. Angusrinder und Galloways grasen friedlich auf den Grünlandflächen des Himmelmoores. Uns stets auf dem Weg haltend, passieren wir Schautafeln, die über die artenreiche Flora und Fauna des Moores informieren, in der Moorfrosch und Kreuzotter beheimatet sind. Neben Moosbeere oder Glockenheide gedeiht hier auch der fleischfressende Sonnentau.

An einer Schutzhütte (neben Wippe und Holzbank) beginnt ein besonders mystischer Streckenab-

Für die Seele

Natur pur verspricht die Tour durchs verwunschene Himmelmoor, während uns das Arboretum in einen Blütenrausch versetzt. Der Alltag ist wie verflogen.

schnitt entlang eines **Holzbohlenweges**. Hier lohnt es abzusteigen, um den Marsch durch Moor und Birkenwäldchen zu genießen. An seinem Ende öffnet sich schließlich die weite Torfabbaufläche. Direkt vor uns erhebt sich ein **Aussichtshügel**, welcher mit schönster Weitsicht über das Moorgebiet belohnt. Wolken spiegeln sich in den weitläufigen Moorbecken und erschaffen ein eindrucksvolles Panorama. Wer sich nicht trennen mag: Auf dem Rückweg können wir den herrlichen Weitblick – von der anderen Seite aus – ein weiteres Mal genießen.

Nördlicher Aussichtshügel im Himmelmoor

Eingang ins Arboretum

Wir satteln auf und fahren zwischen Aussichtshügel und dem Zugang zum Moorlehrpfad links (nördlich) aus dem Moor heraus. Der Sandweg führt durch ein Mischwäldchen. Je nach vorherigen Wetterverhältnissen kann der Untergrund ab hier ein wenig uneben werden. Nach wenigen Hundert Metern stoßen wir auf eine T-Kreuzung und zweigen links ab. Schon bei nächster Gelegenheit radeln wir nach rechts in einen besonders verträumten Wegabschnitt, der einem grünen Blättertunnel gleicht und auf den **äußeren Moorweg** zuführt. Dort links abgebogen, begleitet uns auf den nächsten 2 Kilometern vorbei an Wald und Wiesen der plätschernde Bach **Bilsbek**. Wenn auch ein wenig holperig, lässt sich der Sand-/Grasweg recht gut befahren. Das Naturerlebnis belohnt: Pilze sprießen und Libellen schwirren entlang des Wasserlaufs; eine dichte Strauch- und Farnschicht überzieht den Waldboden, der – wie auch große Teile des Moores – dem Schutzgebiet Natura 2000 angehört.

Nach einem Schlagbaum führt rechter Hand eine Brücke über die Bilsbek. Über diese gelangen wir auf den asphaltierten Weg **Am Rosenhof** und radeln rund 650 Meter nordwärts durch die Bilsbekniederung. In der bald auftauchenden S-Kurve verlassen wir diese Straße, um links in einen kurzen Feldweg abzuzweigen, der auch als Reitroute ausgewiesen ist. Kurz darauf trifft dieser mit einer T-Kreuzung auf einen nächsten Weg. Hier radeln wir links und verbleiben für die nächsten 1,5 Kilometer auf dem prima befahrbaren Plattenweg. Im seinem Verlauf stoßen wir auf zwei Weggabelungen mit kurzen, scharfen S-Kurven, die jeweils im Rechts-links-Zickzack zu manövrieren sind.

So unscheinbar dieser typisch norddeutsche, von Knicks gesäumte Weg heute wirkt, so bedeutsam ist seine Geschichte. Denn bis wir das Arboretum in Ellerhoop erreichen, rollen wir auf dem **historischen Ochsenweg**.

Diesem folgen wir bis zum Parkplatz an der Waldbühne. Am Ende geht es nach einer Rechtskurve wei-

Bis zum 19. Jahrhundert war der sogenannte Ochsenweg der wichtigste Land- und Handelsweg des Nordens. Er führte von der Elbe bis nach Nordjütland. Bauern trieben ihr Vieh entlang des ***Ochsenwegs****; auch Ritter, Kaufleute oder Soldaten nutzten diese wichtige Route.*

Radler auf dem Ochsenweg

ter auf dem Baumschulenweg bis ins Dörfchen **Ellerhoop**. An der Dorfstraße angelangt, fahren wir links auf selbiger weiter, bis wir linker Hand eine Schule mit einem Spielplatz erreichen. Hier geht es erneut links in die Straße **An der Schule**; schon bei nächster Gelegenheit zweigen wir rechts in den Ohlekamp ab. Dieser trifft mit einer T-Kreuzung auf den Thiensener Weg, dem wir nach links folgen und Ellerhoop, Richtung Süden radelnd, hinter uns lassen.

*Der Besuch des **Arboretums** lohnt vom Frühjahr, zur Blüte der 600.000 Dichter-Narzissen, bis zum Indian Summer mit prächtigen herbstfärbenden Gehölzen. Einzigartig ist auch das alljährlich stattfindende Lotosblütenfest im Sommer.*

Nach rund 600 Metern – gegenüber der Hengststation Ellerhoop – schwenken wir rechts in den Weg **Eekbarg**, der uns geradewegs ins Blumenparadies **Arboretum** ④ geleitet.

Über 4000 Pflanzenarten gedeihen hier. Diesen außergewöhnlichen Baumpark in aller Seelenruhe zu durchstreifen, ist purer Genuss. An farbenfrohen Dahlienbeeten startend, flanieren wir vom romantischen Rosengarten über den toskanischen Garten des Südens

Lotossee im Arboretum Ellerhoop

bis zum beeindruckenden **Lotossee**. Bis in den September hinein öffnen prächtige Indische Lotosblumen ihre tellergroßen, rosafarbenen Blüten. Verwunschen streben alte Sumpfzypressen aus dem Wasserwald empor. Im Oktober leuchten Rot-Ahorn, Felsenbirne und Nymphenbaum in den rostroten Farben des Indian Summers. Über den chinesischen Garten mit dem kreisrunden, glücksbringenden **Mondtor** führt der Pfad zurück zum historischen Münsterhof. Wo ließe sich eine schönere Cafépause einlegen als im **Café im Münsterhof** ⑤.

Lotosblume

Erfrischt und beseelt treten wir unsere Rücktour Richtung Himmelmoor an. Wir verlassen den Hof nach rechts auf der Straße **Thiensen**, die nach der nächsten Kreuzung in den Weg Zum Bilsbek übergeht. Diesem Sandweg geradeaus folgend und die gurgelnde **Bilsbek** überfahrend, stehen wir bald vor einer Weide, die sich auf einem Trampelpfad gut überqueren lässt. Wir steuern die gegenüberliegende Zufahrt in einen herrlichen Waldwanderweg an. Unter schützendem Kronendach fahren wir zunächst geradeaus, bis wir auf eine T-Kreuzung stoßen. Hier zweigen wir links ab und folgen dem gut befahrbaren Waldweg für rund 400 Meter gen Norden, um danach rechts abzubiegen. Nach gut 500 Metern folgt eine Weggabelung, an der ein asphaltierter Weg (Wohldweg) beginnt. Am Waldeingang stehen ein **rot-weißer Schlagbaum** sowie ein Holzpoller mit roter Spitze. An diesem vorbei, biegen wir sofort rechts in den Waldweg ein, der uns weiter ostwärts führt. Nach etwa 600 Metern, an einer Weggabelung, verbleiben wir auf dem leicht links verlaufenden, dammartigen Weg. Wenig später erreichen wir eine T-Kreuzung, an der wir rechts abbiegen und dem breiten Waldweg weiter nach

Mondtor im Chinesischen Garten

Osten folgen. Bald stoßen wir auf eine Kreuzung mit Beschilderung – hier zweigen wir nach links in den Plattenspurweg **Am Hörn** ab. Nach etwa 700 Metern, an einer Eiche und dem Straßenschild „**Dorfstraße**", fahren wir nach rechts auf selbiger weiter, allerdings nur ein kurzes Stück bis zur T-Kreuzung. Um zurück zum inneren Ring des Himmelmoors zu gelangen, biegen wir hier links ab und fahren eine C-Form – unten startend und stets rechts haltend, bis wir linker Hand einen **rot-weißen Schlagbaum** nebst Info-Übersichtskarte sehen. Hier biegen wir links ein und folgen dem verträumten Pfad durch ein Birkenwäldchen. Der Weg führt im Rechtsbogen an einem sumpfigen Gewässer vorbei, um uns anschließend, im sanften Linksbogen, automatisch auf den **inneren Moorzirkel** zurückzubringen.

Von hier an radeln wir für 1,5 Kilometer entlang der alten Trassen der **Torfbahn Himmelmoor** ❻. Linker Hand begleitet uns ein birkenreiches Moorwäldchen; die großen Moorbecken sind hier nicht direkt einsehbar. Doch bald folgen wir den nach links abzweigenden Trassen (kurz zuvor markiert rechts ein hölzernes Eichhörnchen auf einem Baumstumpf den Weg) und fahren direkt auf den sogenannten **Nulldamm** zu, der die Ostseite der großen Moorbecken flankiert und Teil des Naturlehrpfads ist. Zu unserer Linken öffnet sich erneut die beeindruckende Moorfläche. Die Räder abgestellt, erklimmen wir gleich zu Beginn den wohl **schönsten Aussichtspunkt** ❼ mit erhabenem Ausblick über das Himmelmoor. Die Aussicht schweift über die vernässten Flächen im Osten, den torfigen, dunkelbrauen Nulldamm samt Seitenwegen und weit hinaus über die großen, mit Wasser gespeisten Torfbecken; die Grüntöne der Moorgräser bilden einen besonderen Kontrast zum torfigen, dunkelbraunen Boden, der federnd unter den Füßen nachgibt und jedes Geräusch zu schlucken scheint. Welch wunderbare Ruhe. Um diese Naturkulisse voll auszukosten, schieben wir den Nulldamm bis zum nördlichen Ende in Richtung des bereits bekannten Aussichtshügels und gönnen uns eine Rast auf einer der einladenden Picknickbänke.

Um zurück zum Parkplatz zu gelangen, radeln wir wieder zurück und folgen den Schienen nun linksherum. Auf dem Weg zur hölzernen Eule lässt sich ein kleiner, parallel verlaufender Schlenker zu einer idyllischen, wiedervernässten Moorfläche einbauen. Vom Parkplatz am alten Torfwerk aus treten wir den Rückweg zum Bahnhof Quickborn an. Auf Schienen geht es zurück nach Hamburg.

Südlicher Aussichtspunkt im Himmelmoor

Ellerau
Ellerauer Straße
Harksheider Weg
4
Quickborn
Kieler Straße
Himmelmoorchaussee
L 76
Tangstedter Straße
Pinnau
L 111
1
6
3
Schulweg
7
2
Himmelmoor
Dorfstraße
Am Hörn
Himmelmoorweg
Bilsbek
Borsteler Wohld
Wohldweg
Steindamm
Baumschulenweg
Ostholz
Ellerhoop
Dorfstraße
Thiensener Weg
4
5
Arboretum Ellerhoop
Hemdinger Weg
Viehmoor Au
Bevern
L 110

Entspannung ✱✱✱✱✱
Genuss ✱✱✱✱✱
Romantik ✱✱✱✱✱

WIE & WANN:
Vorwiegend feste Sand-, Wald- und Wiesenwege, teils mit Gras überwachsen. Die Strecke ist ganzjährig befahrbar, nach starken Regentagen meiden. Himmelmoor und Arboretum sind besonders schön zwischen Frühjahr und Herbst.

HIN & WEG:
Auto: Parkplatz am alten Torfwerk, Himmelmoorchaussee 61, 25451 Quickborn (GPS: 53.741760, 9.871703)
ÖPNV: Bahnstation Quickborn (S-Bahn bis zur Station Eidelstedt, von dort auf der AKN-Linie weiter nach Quickborn), ebenerdiger Ausstieg in Quickborn

ESSEN & ENTSPANNEN:
Café im Münsterhof am Arboretum Ellerhoop ❺ Thiensen 4, 25373 Ellerhoop, Tel. (0 41 20) 7 98 99 83 (bei schlechtem Wetter geschlossen)

ENTDECKEN & ERLEBEN:
Torfwerk ❶
Himmelmoor ❷
Moorlehrpfad ❸ www.foerderverein-himmelmoor.de
Arboretum Ellerhoop ❹ www.arboretum-ellerhoop.de
Torfbahn Himmelmoor ❻ Himmelmoorchaussee 61, 25451 Quickborn, www.torfbahn-himmelmoor.de (Fahrten von Ostern bis Oktober)
Aussichtspunkt Himmelmoor ❼

- 38 Kilometer
- 278 Höhenmeter
- 4 Stunden
- Rundtour

Kleingarten nahe dem Bollweg

Grüner Zirkel

Großstadtdschungel & Hafenblick

Mit dem **Dammtor Bahnhof** im Rücken starten wir in die mondäne Rothenbaumchaussee. Bald passieren wir rechter Hand das eindrucksvolle **Museum am Rothenbaum (MARKK)** ❶; wenig später ist der Verkehrskreisel Klosterstern erreicht. Wir radeln rechts und nehmen die zweite Ausfahrt auf die St. Benedictstraße, gesäumt von wunderschönen Jugendstilhäusern. An der Ampelkreuzung zweigen wir links in die Heilwigstraße ab, welche zur Heilwigbrücke führt. Von dieser genießen wir die Aussicht auf den Isebekkanal und blinzeln hinüber zum **Supper Club Bootsverleih** ❷. Nach der Brücke halten wir uns rechts und bleiben auf der Heilwigstraße, bis uns die Brücke der Goernestraße bei nächster Gelegenheit rechts über den Alsterlauf trägt. Hier geht es links in den Leinpfad. Bald überfahren wir die Hudtwalckerstraße und queren die Alster einige Meter weiter links über die Fußgängerbrücke. Sie bringt uns in den beliebten Eppendorfer **Hayns Park**. Vorbei an Pavillon und Liegewiese führt rechter Hand (vor dem Planschbecken) erneut eine Brücke übers Wasser. Dort blitzt links das **Barmeiers Garten Café** ❸ hervor.

In einer 90-Grad-Kurve fahren wir links um das Café herum und steuern auf die Eppendorfer Landstraße zu. Diese überquert, radeln wir hinab auf den herrlich schattigen Pfad entlang des **Eppendorfer Mühlenteichs**, der uns auf den nächsten gut 400 Metern linker Hand begleitet. Schließlich teilt sich der Sandweg an der „Wilden Wiese“ und führt links in den Tarpenbek-Wanderweg. Entspannte 1,5 Kilometer geht es

*Ein lässig entspanntes Plätzchen ist das **Barmeiers Garten Café**. Der Hamburger TV-Koch Tim Mälzer hat den seit 1996 bestehenden Gastrobetrieb 2021 übernommen. Auf der Speisekarte: Salate, ausgefallene Sandwiches, Kuchenleckereien.*

zwischen Schrebergärten und dem dahinplätschernden Bach geradeaus weiter. Bald radeln wir über den **Lokstedter Damm** hinweg. Noch ein kleines Stückchen und wir fahren links über eine Holzbrücke, um weiter geradeaus der Straße Auf dem Kollauer Hof zu folgen. Diese mündet in die mehrspurige Kollaustraße.

Diese überquert, rollen wir (nördlich der Bahngleise) genussvoll weiter entlang des Kollau-Wanderwegs. Gerade an warmen Sommertagen ist das schattige Dach des üppig bewachsenen Bachufers eine Wohltat. Zu unserer Rechten öffnen sich bald Wiesen, bald ein Kleingartenverein. Und es wird noch schöner: Ein erstes grün-weißes Hinweisschild „Landschaftsschutzgebiet“ signalisiert, dass wir uns am Rand des **Niendorfer Geheges** ④ befinden, einem 142 Hektar großen Buchenmischwald, in dem Fuchs und Waldkauz beheimatet sind. Über eine hölzerne Brücke, die bald rechts über

Niendorfer Gehege

Für die Seele

Erst durch Wald und Wildgehege geradelt, genießen wir bald blühende Gärten, üppige Parks und ein hamburgisches I-Tüpfelchen: Hafenflair satt.

die gurgelnde Kollau in den Wald hineinführt, radeln wir zum **Damwildgehege**. Hierzu fahren wir an der Weggabelung im Wald nach rechts, stets nahe des Waldrandes, und umfahren das Gehege gegen den Uhrzeigersinn. Neugierige Rehe und Hirsche begrüßen uns am Zaun. Auf dem Weg zurück zur Holzbrücke genießen wir die süß-würzige, kühle Waldluft.

Für 500 Meter folgen wir jetzt dem Kollau-Wanderweg weiter westwärts, bis wir auf die **Vogt-Kölln-Straße** stoßen. Hier ist der Pfad kurz unterbrochen, sodass wir rechts abbiegen und sogleich links dem Weg Kollenhof durch ein Wohngebiet folgen. Dann zweigen wir rechts – vor der Bahnbrücke – in die Fortführung des Wanderweges ein. Auf den nächsten 500 Metern überqueren wir auf einem Radweg die Autobahn 7 und passieren wenig später das Freibad Poseidon. Dem Wegweiser Richtung **Sola-Bona-Park** folgend, biegen wir nach rechts in den Olloweg ab. Kurz darauf lenken wir linker Hand in die Zufahrt zum Spielplatz des Sola-Bona-Parks (grünes Schild) und durchradeln die kleine Stadtoase, während uns – stets links von uns – die Düngelau begleitet. Von hier an weisen uns immer wieder Radhinweisschilder den weiteren Wegverlauf bis zur S-Bahn-Station Stellingen beziehungsweise zum Altonaer Volkspark.

Kollau am Niendorfer Gehege

Zunächst führt der Weg erneut durch eine blühende Schrebergartenkolonie und trifft dann auf den Bollweg, in den wir links einbiegen und hinter der Bahnbrücke sofort erneut links (U-Turn) in die Gartenkolonie abzweigen (am bunten Schild des **Kleingartenvereins Morgenpracht**). Auf diesem Abschnitt leuchtet ein Garten besonders prächtig: Bei „Jens und Karin" blühen nicht nur duftende Rosen, sie verkaufen auch Honig.

Wir gelangen bald an eine Weggabelung, an der wir uns rechts halten – und treffen in Kürze wieder auf die dahinplätschernde **Düngelau**. Wir passieren ein Rückhaltebecken, und sowohl das Gewässer als auch Hinweisschilder Richtung Volkspark Altona verraten uns die richtige Route, sodass es auf teils verschlungenen Wegen, stets gut ausgeschildert, weiter gen Süden geht. Zum Schluss verlassen wir den Roscherweg mit einer schwungvollen Linkskurve auf den Rohlsweg. Rechts abgebogen, unterqueren wir die Autobahnbrücke, überqueren die mehrspurige

Straße Binsbarg und gelangen so zur **S-Bahn-Station Stellingen**. Erneut weisen Schilder den Weg: Es geht rechts durch die Unterführung in Richtung Volkspark. Wer Street-Art und Graffiti mag, wird den Radfahrer- und Fußgängertunnel besonders lieben. Quietschbunte Kunstwerke prangen an den Mauern und tauchen den dunklen Tunnel in ein Farbspektakel; hier lohnt ein Fotostopp.

Den Tunnel hinter uns lassend, rollen wir auf dem vor uns liegenden Kilometer auf einem herrlich breiten Rad- und Fußweg, gerahmt von Grün. Er mündet in den **Altonaer Volkspark**, einen über 200 Hektar großen Waldpark. Zu verdanken ist der vor über 100 Jahren angelegte Park dem ehemaligen Gartenbauamtsleiter Ferdinand Tutenberg. Nach ihm ist der geometrisch angelegte, terrassierte Hügel benannt, den wir, den Wegweisern nach links folgend, als Erstes ansteuern. Von vier Seiten lässt sich der achteckige Kegel über steinerne Stufen erklimmen.

Vorbei an der **Gaststätte Das Bauernhaus** 5 rollen wir durch üppiges Grün, passieren Schluchten und

Tunnel an der S-Bahn Stellingen

Schulgarten im Altonaer Volkspark

*Im Museumsbeet des **Dahliengartens** blühen zur Saison sogar zahlreiche antike Dahlienarten. Auch diese besondere, blühende Stadtoase ist dem damaligen Altonaer Gartendirektor Ferdinand Tutenberg zu verdanken.*

*Das **Deutsche Elektronen-Synchrotron (DESY)** ist ein führendes Zentrum für Teilchenforschung. Der längste seiner unterirdischen, ringförmigen Teilchenbeschleuniger misst 6336 Meter und ist von Besuchern begehbar. Alternativ finden virtuelle Touren statt.*

Hügel, bis sich der wunderschöne **Rosengarten** vor uns öffnet. 1920 als Schulgarten angelegt, wird diese Blumenoase bis heute von Landschaftsgärtnern gehegt und gepflegt. Von seinem Herzstück, dem runden **Pavillon**, ausgehend, breiten sich akkurat angelegte Hecken, Beete und eine bunte Blütenpracht über ein erkundenswertes Areal aus.

Schließlich durchfahren wir die Anlage weiter Richtung Südwesten, wo wir die August-Kirch-Straße queren und den Wegweisern Richtung Spielwiese folgen. Die großzügige Lichtung, ein beliebter Picknickplatz, umradeln wir, vorbei an einem Biergarten, gegen den Uhrzeigersinn – mit unserem nächsten Ziel im Sinne: Europas ältesten **Dahliengarten** 6. Das oval angelegte Areal liegt im äußersten Westen des Parks. Die Blüte der über 11.000 Einzelpflanzen zeigt sich zwischen Juli und Ende Oktober in ganzer Pracht.

Wir lassen den Volkspark hinter uns und biegen dazu – aus dem Dahliengarten kommend – nach links in die Stadionstraße und überqueren kurz darauf die Luruper Hauptstraße. Gegenüber führt ein Sandweg rechts rund um das **DESY-Forschungszentrum** 7 und bald hinein in den **Lise-Meitner-Park**.

Diesen durchradeln wir entlang seiner Westseite südwärts, bis wir automatisch auf die Osdorfer Landstraße stoßen. Diese überqueren wir, verlassen damit Altona und fahren weiter gen Süden durch den Stadtteil Groß Flottbek. Auf dem Windmühlenweg weiter südlich, zweigen wir rechts in die Ostermeyerstraße ab. Die bald kreuzende Heinrich-Plett-Straße überquerend, geht es auf dem Oelsnerring weiter, bis wir auf den Hemmingstedter Weg treffen, dem wir, rechts abgebogen, ein kurzes Stück folgen. Dann geht es links in den Sandweg, der entlang des wunderbaren **Botanischen Gartens** **8** führt.

Die etwa 700 Meter bis zur Ohnhorststraße geben das Ausmaß des Universitätsgartens preis. Vom Eingang an der Südseite aus erkunden wir ein paradiesisches Fleckchen Hamburgs und flanieren entlang der Sequoia-Mammutbäume und Wüstengras, durch Bauerngärten und eine Bambusallee. Es sprießt, duftet und kommt einer Weltreise gleich. Im **Café Schmidt-**

Botanischer Garten

chen Palme ⑨ schließlich genießen wir ein kühles Getränk unter echten Palmen.

Frisch in die Pedale geschwungen, radeln wir rechts auf die Baron-Voght-Straße – und folgen dieser, bis es links hinein in den **Jenischpark** geht, der eine herrschaftliche Aussicht auf die Elbe bereithält. Seine Krönung: das perlweiße, klassizistische **Jenisch-Haus**, welches sich der gleichnamige Hamburger Senator im 19. Jahrhundert als Landsitz erbauen ließ. Manch knorrige Eiche erzählt aus Zeiten, als die feine Hamburger Gesellschaft durch diesen Park lustwandelte. Im Norden des Landschaftsparks lohnt der Besuch des **Ernst Barlach Hauses** ⑩. Der moderne weiße Bau beherbergt zahlreiche Hauptwerke des großen Künstlers.

Die Grünanlage in der Weiterfahrt südwärts erkundend, stoßen wir auf die Elbchaussee und überqueren sie, um nun direkt am Elbufer zurück Richtung Hafen zu radeln.

Entlang des **Hans-Leip-Ufers** wittern wir bereits Hafenluft; wir passieren einen Biergarten und bald darauf den legendären „Alten Schweden", einen riesigen, aus der Elbe geborgenen Eiszeitfindling. Am Ende des Radweges heißt es: absteigen. Wir schieben den Weg links hinauf und spazieren nun durch **Övelgönne**, eines der pittoreskesten Viertel der Stadt. Auf dem gleichnamigen Weg Övelgönne reihen sich liebevoll restaurierte Fischerhäuschen aneinander. „Kapitänsweg" wird diese Etappe bis zum Övelgönner Museumshafen auch genannt. Am Wochenende zieht er Erholung suchende Flaneure und zahlreiche Touristen an. Spannend ist ein Besuch der **Oevelgönner Seekiste (Käpt'n Lührs Museum)** ⑪, gefüllt mit maritimen Kuriositäten.

Gleich nebenan, auf Höhe des nach links abzweigenden Schulbergs, schließen wir die Räder an und traben die Treppen hinunter zum Elbstrand. Das Bistro **Strandperle** ⑫ ist legendär und ein Muss! Nebenan lädt zudem der **Ahoi Strandkiosk** ⑬ zum Gaumenschmaus. Was gibt es Schöneres, als die Füße in den Strandsand

!

Wie wäre es, vom ***Fähranleger Neumühlen/ Övelgönne*** *in drei Stationen bis zu den Landungsbrücken zu schippern? Der Törn verspricht herrliche Ausblicke und Fotomotive. Räder können stets kostenlos mit an Bord genommen werden.*

Strandperle

zu graben und beim Genuss einer köstlichen Pizza den Blick über Elbe und Hafenkräne schweifen zu lassen? Zurück auf dem Weg Övelgönne spazieren wir weiter bis zum **Museumshafen Oevelgönne** ⑭.

Zurück im Sattel radeln wir nun auf Neumühlen und Kaistraße ostwärts. Diese verlassen wir für den **Elbberg**, der uns jetzt in maritime Gefilde führt: Es geht vorbei an der **Haifisch Bar** ⑮ bis zur historischen Fischauktionshalle, an der allsonntäglich in den frühen Morgenstunden der weltberühmte **Hamburger Fischmarkt** stattfindet. Entlang der Elbe radeln wir weiter bis zu den Landungsbrücken. An der großen Kreuzung zweigen wir links in die Helgoländer Allee ab. Sie führt uns bergauf zum Millerntorplatz, den wir über zwei Ampelkreuzungen queren, um nun in die **Großen Wallanlagen** einzutauchen. Hier verlief einst Hamburgs Stadtmauer. Richtung Nordwesten geradelt, erreichen wir bald die Kleinen Wallanlagen, welche wiederum in den üppig blühenden Park **Planten un Blomen** übergehen. Zum Abschluss ist es besonders schön, in den Holzstühlen der terrassenartigen Parkanlage des Wallgrabens den Eindrücken nachzuspüren.

Schenefeld
Eidelstedt
Kollau
Groß Borstel
Alsterdorf
Tarpenbek
Alster
Ring 2
Lokstedt
Winterhude
Stellingen
Lurup
Elbgaustraße
Luruper Hauptstraße
Rugenbarg
Schnackenburgallee
Eppendorf
Hoheluft-Ost
Hoheluft-West
Sierichstraße
Goldbekkanal
Osterbekkanal
Isebekkanal
Altonaer Volkspark
Lise-Meitner-Park
Bahrenfeld
Osdorf
Eimsbüttel
Harvestehude
Rothenbaumchaussee
Universität Hamburg
Uhlenhorst
Rotherbaum
Altona-Nord
Botanischer Garten
Heinrich-Plett-Straße
Groß Flottbek
Planten un Blomen
Sternschanze
Außenalster
St. Georg
Ottensen
Altona-Altstadt
Große Wallanlagen
Neustadt
Nienstedten
Baron-Voght-Straße
Jenisch-park
Othmarschen
Altona
St. Pauli
Elbchaussee
HafenCity
Elbe
Altonaer Fischmarkt

Entspannung ★★★★☆
Genuss ★★★★☆
Romantik ★★★★★

WIE & WANN:
Überwiegend feste Sand- und Wander-/Radwege. Ganzjährig befahrbar.
Im Sommer bietet die Tour auf langen Passagen viel Schatten.

HIN & WEG:
Auto: Rund um den Bahnhof Dammtor, Edmund-Siemers-Allee, 20354 Hamburg (GPS: 53.561309, 9.989679)
ÖPNV: Bahnhof Dammtor (Bahn oder S-Bahn mit Aufzug) oder U-Bahn Stephansplatz, Rolltreppe/Aufzug vorhanden

ESSEN & ENTSPANNEN:
Supper Club Bootsverleih ❷ Isekai 13, 20249 Hamburg, Tel. (0 40) 47 34 61, www.supperclub.de
Café Barmeier ❸ Eppendorfer Landstraße 180 (im Hayns Park), 20251 Hamburg, Tel. (0 40) 50 09 00 35, www.barmeier.cafe
Das Bauernhaus ❺ Nansenstraße 82, 22525 Hamburg, Tel. (0 40) 52 01 43 34, www.dasbauernhaus.de
Café Schmidtchen Palme ❾ Hesten 10, 22609 Hamburg, www.schmidt-und-schmidtchen.de
Strandperle ⓬ Övelgönne 60, 22605 Hamburg, www.strandperle-hamburg.de
Ahoi Strandkiosk ⓭ Övelgönne 56–58, 22605 Hamburg, Tel. (0 40) 88 15 68 06
Haifisch Bar ⓯ Große Elbstraße 128, 22767 Hamburg, Tel. (0 40) 3 80 93 42, www.haifischbar.hamburg

ENTDECKEN & ERLEBEN:
MARKK Museum am Rothenbaum. Kulturen und Künste der Welt ❶ Rothenbaumchaussee 64, 20148 Hamburg, Tel. (0 40) 4 28 87 90, www.markk-hamburg.de **Niendorfer Gehege** ❹ **Volkspark mit Dahliengarten** ❻ von Juli bis Oktober für die Öffentlichkeit zugänglich **Deutsches Elektronen-Synchrotron DESY** ❼ Notkestraße 85, 22607 Hamburg, Tel. (0 40) 89 98 36 13, www.desy.de **Botanischer Garten** ❽ **Ernst Barlach Haus** ❿ Baron-Voght-Straße 50 A, Jenischpark, 22609 Hamburg, Tel. (0 40) 82 60 85, www.barlach-haus.de **Oevelgönner Seekiste – Käptn Lührs Museum** ⓫ Övelgönne 61, 22605 Hamburg, Tel. (0 40) 85 35 88 25 **Museumshafen Oevelgönne** ⓮

* 36 Kilometer
* 288 Höhenmeter
* 4 Stunden
* Strecke

Fischbeker Heide

Heidetörn

Hafen bis Fischbeker Heide

Die ersten Kilometer der Tour genießen wir wadenschonend auf der **HVV-Hafenfähre ① der Linie 62** und schippern vom Startpunkt, der **Brücke 3 der Landungsbrücken**, vorbei an Fischmarkt, Oevelgönner Museumshafen und dem markanten **Lotsenhaus Seemannshöft** am südlichen Elbufer. Von Bord geht es in **Finkenwerder**. Unsere Räder die Anlegerrampe hinaufgeschoben, starten wir von hier unsere Tour Richtung Süden. Dazu schwenken wir nach links in die Benittstraße, bis diese in eine ovale Verkehrsinsel mündet. Diese umfahren, nehmen wir die letzte Abzweigung in den Köhlfleeter Hauptdeich. Kurz darauf führt eine Rampe auf den erhöhten Fuß- und Radweg. Auf den ersten 350 Metern der schnurgeraden Strecke erbli-

Lotsenhaus Seemannshöft

Elbstrand Övelgönne

cken wir bald den **Museumshafen Finkenwerder ②**. Dann führt der angenehm breite Radweg nach einer Links-rechts-Wendung für weitere 500 Meter direkt am Köhlfleet entlang. Gegenüber liegt das Hafenindustrieviertel Waltershof.

Nach einer leichten Rechtskurve bewegen wir uns etwas von der Wasserkante weg. Hier beginnt ein gerader, grüner Deichabschnitt, dem wir idealerweise auf dem äußeren Radweg links parallel zur Straße **Aue-Hauptdeich** südwärts folgen. Am seinem Ende kreuzen wir auf die andere Straßenseite und radeln weiter bis zur nächsten T-Kreuzung. Hier biegen wir nach der Straßenquerung rechts ab. Auf dem Radweg rollen wir entlang der Straße **An der Alten Süderelbe**. Sie verläuft zwischen Finkenwerder und dem südlich hiervor gelegenen, ländlichen Stadtteil Francop. Nach rund 1 Kilometer kennzeichnet ein **Radwegweiser** den Weg nach Neugraben und Francop. Dort verlassen wir die Straße, zweigen nach links in einen schmalen, asphaltierten Weg ab und radeln mitten durch herrliche Apfel- und Birnenfelder. Je nach Jahreszeit grünt und blüht es hier – oder die Obstbäume sind behangen mit prallen, erntereifen Früchten.

Für die Seele

Nach Finkenwerder geschippert, rollen wir durch Obstfelder und Moor, bis sich die Fischbeker Heide in lilafarbenem Kleid duftend vor uns ausbreitet.

Nach einigen Hundert Metern, an einer T-Kreuzung, zweigen wir nach links ab und radeln die Rampe hinauf auf den Deich an der **Hohenwischer Straße**. Nun scheinen wir entlang der Obstfelder zu schweben und genießen den Panoramablick von der Deichkrone für rund 1 Kilometer. Dann verlassen wir den Deichweg und rollen die Rampe hinab zur **Bushaltestelle Hohenwisch (Kehre)**. Über die Verkehrsinsel kreuzend, folgen wir jetzt der Straße **Hinterdeich** nach Süden. Sie mäandert durch die herrliche grüne Marsch und geht mit der Querung der Moorwettern in die Francoper Straße über. Für gut 2 Kilometer dürfen wir das Auge schweifen lassen und tief durchatmen; rechter Hand breitet sich das weitläufige Randmoor des Elbeurstromtals aus: das **Naturschutzgebiet Moorgürtel**.

Dieser artenreichen Kulturlandschaft kommen wir gleich ganz nah. Dazu zweigen wir am nördlichen Ortsrand von **Neugraben** direkt hinter dem **Gasthaus Zur Börse** ③, einem reetgedeckten Fachwerkbau aus dem 18. Jahrhundert, rechts in den schmalen Weg **Dierksstegel** ein. Dieser trifft auf den gepflasterten Weg **Im Neugrabener Dorf**. Rechts abgebogen, geht es nun nordwärts und in das vielfältige, vor Grün strotzende Naturschutz-

Gasthaus Zur Börse

gebiet. Das Mosaik aus Moor, Feuchtwiesen und Kleingewässern bietet Flora und Fauna ein wertvolles Habitat. Hier quakt der Moorfrosch und schwebt die Schwarze Heidelibelle über Gräser hinweg; es ist die Heimat von Uferschnepfe und Schwarzkehlchen, und als besonderer Vertreter ruft hier sogar der vom Aussterben bedrohte Wachtelkönig.

Um diese Moorlandschaft zu genießen, verlassen wir die letzten Häuser Neugrabens und radeln weiter nordwärts auf dem Feldweg, gesäumt von Knicks. Nach etwa 500 Metern zweigen wir nach links in einen schnurgeraden Moorweg ab und genießen die wohltuende Ruhe dieser Oase. Bunt leuchten Beeren und blühende Wildblumen, es sprießen Gräser und Torfmoosarten. An der nächsten Kreuzung nach rund 500 Metern biegen wir abermals links ab und folgen dem Sandweg zwischen Rinderweiden, bis wir bei nächster Gelegenheit nach rechts weiterfahren. Diesem Moorweg folgen wir jetzt westwärts, bis wir automatisch auf die **Dritte Meile** stoßen. Auf dem Weg dorthin, teils unter urwüchsigen Birken hinweg, begegnen uns flauschige Schafe, ein uriges, altes Wohnhaus und zum Ende einige Kleingärten.

Die Dritte Meile, der wir nach links folgen, bringt uns – über die S-Bahn-Trassen hinweg – in den idyllischen alten Dorfkern **Fischbeks**. Hinter dem Kirchengelände radeln wir rechts in den Fischbeker Weg und an der nächsten Kreuzung links, um nun dem Fischbeker Heuweg Richtung Süden zu folgen. Wir überqueren die Cuxhavener Straße und rollen auf dem **Scharlberg** weiter geradeaus durch ein Wohngebiet.

Vor dem **Parkplatz** am Ende des Scharlbergs verlassen wir die Straße und steuern auf das Infoschild des **Heidschnuckenwegs** zu. Von hier aus wählen wir den linken Sandweg, vorbei am Parkplatz, und gelangen nach rund 100 Metern an eine Weggabelung. Hier

*Der 2012 eingeweihte **„Heidschnuckenweg"** lässt auch das Wandererherz hüpfen. Auf 223 Kilometern führt er von Fischbek gen Süden bis zum Schloss Celle. Der Länge nach geht es durch die Lüneburger Heide. Eine Wonne – nicht nur zur Heideblüte.*

Fischbeker Heide

*Während der Blüte ist die Tour durch das 773 Hektar große Naturschutzgebiet **Fischbeker Heide** besonders schön. Als Faustregel gilt: Die Heide blüht vom 8. 8. bis zum 9. 9. Allerdings unterliegt dies jährlichen Schwankungen.*

*Das **Naturschutz-Infozentrum Fischbeker Heidehaus**, betrieben von der Loki Schmidt Stiftung, bietet Besuchern bei freiem Eintritt eine interessante Ausstellung mit viel Wissenswertem über die Heidelandschaft.*

wählen wir den mittleren Pfad, während sich vor uns die lila blühende, duftende Heide öffnet.

Für rund 200 Meter folgen wir dem verwunschenen Heideweg. Er trifft auf eine breitere, gut zu fahrende Wanderpiste (N 1), der wir nun nach rechts für gut 300 Meter südwärts folgen – mitten durch die blühende, halboffene Hügellandschaft des traumhaften Naturschutzgebietes **Fischbeker Heide** ❹. An einem Holzpfahl mit der Wegmarkierung der N 1 und der Nummer 2 auf blauem Untergrund zweigen wir nach links ab. Auf diesem Pfad – den parallel verlaufenden Hauptpfad Fischbektal überquerend – verbleiben wir für 500 Meter. Dabei umfahren wir eine alte Kiesgrube südlich und schieben den letzten Abschnitt den steilen Hang hinauf. Oben angekommen und mit herrlichem Ausblick belohnt, zweigen wir scharf rechts ab und radeln durch einen waldreichen Abschnitt, bis der Rad- und Wanderpfad auf den **Fischbeker Heideweg** trifft. Dort schwenken wir rechtsherum gen Süden. Bald verweist links ein Wegweiser an einem Parkplatz zum reetgedeckten **Fischbeker Heidehaus** ❺.

Nach diesem Abstecher rollen wir auf dem Fischbeker Heideweg weiter südwärts und genießen jeden Atemzug in dieser frisch-würzigen Waldluft. Sonnenstrahlen bahnen sich ihren Weg durch das satte Grün der Baumkronen. Schon nach gut 1 Kilometer gelangen wir an eine Kreuzung mit umfangreicher Beschilderung. Sie verrät auch den Weg zu unserem nächsten Ziel: dem **Wildpark Schwarze Berge** ❻. Hierzu zweigen wir links in den Stadtweg ab. (Straßenschilder sieht man jedoch nicht.) Auf der Fahrt Richtung Osten geht es angenehm bergab und wir fahren – nicht davon beirren lassen – auch an einem Schlagbaum vorbei. Danach halten wir uns stets auf dem Hauptweg und sausen bald bergab an einer Wiese vorbei. Unten angelangt, geht es rechts in den **Falkenbergsweg**. Er flankiert eine idyllische Lichtung (Hundeauslaufwiese). An der nächsten Gabelung, hier steht eine Picknick-Bank, zweigen wir scharf links ab und bleiben auf dem

Wildpark Schwarze Berge

Nutria

Falkenbergsweg, der jetzt, leicht ansteigend, nach knapp 1,5 Kilometern durch den Wald, zum Eingang des Wildparks führt. Etwa 30 Kilometer haben wir bis hierher bereits zurückgelegt und uns damit ein Verwöhnprogramm verdient. Es locken Kaffee und Kuchen auf der Sonnenterrasse im **Wildpark Restaurant** ❼. Oder soll es lieber eine frisch gebackene Waffel sein? Kulinarisch haben wir die Qual der Wahl.

Im Wildpark sind eine Vielzahl von Vierbeinern zu Hause; vom Wolf bis zum Wisent, vom Braunbären bis zum Bartkauz. Von Kindern heiß geliebt ist vor allem das Hängebauchschwein; die Wildtiere grunzen und grasen, schwimmen oder flattern durch ihre großzügigen Gehege. Ein besonderer Höhepunkt ist es, die 288 Stufen des **Elbblickturms** zu erklimmen. Wer es schafft, darf sich an der erhebenden 360-Grad-Aussicht hinweg über Wiesen und Wälder erfreuen – und kann weit im Norden sogar das markante Dach der Elbphilharmonie erspähen.

Den Wildpark ausgiebig genossen, machen wir unsere Räder wieder startklar und füllen unsere Trinkflaschen am kleinen Brunnen am Eingang auf. Weil diese Strecke am besten befahrbar ist, wählen wir zunächst dieselbe Strecke zurück, bis wir wieder an der bereits bekannten **beschilderten Waldkreuzung** angelangt sind. Nun folgen wir den Wegweisern Richtung **Fischbektal**. Dies ist der Haupt(rad)wanderweg, welcher sich als Nord-Süd-Achse durch die Heidelandschaft zieht. Wir folgen ihm nordwärts, passieren rechter Hand den **Kuhteich** und steigen zwischendrin vielleicht ab, um am Wegesrand von köstlichen Blaubeersträuchern zu naschen. Schließlich tut sich wieder die herrlich weite Heidelandschaft vor uns auf und verströmt ihren süßlichen Duft. Ein Fest für die Seele. Wanderer wie Radler berauschen sich an diesem Anblick und genießen eine Rast auf hölzernen Bänken. Es fällt schwer, sich von dieser friedvollen Kulisse zu trennen.

Zum Ende des Fischbektals halten wir uns rechts, radeln vorbei an einem Parkplatz, um abermals links den bereits bekannten **Parkplatz am Scharlberg** anzusteuern. Die S-Bahn-Station haben wir zügig erreicht: Zunächst zurück auf dem Scharlberg, queren wir am Ende die Ampelkreuzung und zweigen nun diagonal in die Straße Sandbek ein. Danach stoßen wir auf den Weg Neckersstücken und zweigen erst kurz rechts ab und sogleich wieder links in den Ohrnsweg. Nach rund 100 Metern ist die kleine Stichstraße zur **S-Bahn-Station Fischbek** erreicht. Sie bringt uns und die Räder ohne Umsteigen zurück zu den Landungsbrücken.

Aussicht vom Elbblickturm im Wildpark Schwarze Berge

Sternschanze
431
Botanischer Garten
Groß Flottbek
Altona-Nord
Blankenese
Othmarschen
Ottensen
4
Nienstedten
St. Pauli
Jenisch-park
Altona-Altstadt
Altona
Elbchaussee
1
P
Elbe
Norderelbe
Steinwerder
Köhlfleet
Finkenwerder
2
Waltershof
Neuenfelde
Alte Süderelbe
An der alten Süderelbe
Hohenwischer Straße
7
Altenwerder
Francop
Waltershofer Straße
Francoper Straße
Naturschutzgebiet Moorgürtel
Moorburg
Neugraben-Fischbek
3
Neuwiedenthaler Straße
73
Hausbruch
Heimfeld
4
Fischbektal
Fischbeker Heideweg
Falkenbergsweg
K 20
5
Eißendorf
Wildpark Schwarze Berge
Stadtweg
7
Ehestorf
6
75
Marmstorf
Alvesen
Vahrendorf
7
Lürade
261
Sottorf

Alles auf einen Blick

Entspannung ★★★★☆
Genuss ★★★★★
Romantik ★★★★★

WIE & WANN:
Überwiegend Sand- und wenige Asphaltwege. Die Strecke ist ganzjährig befahrbar, nach längeren Regenfällen besser meiden. Am schönsten ist es zur Heideblüte im August und September.

HIN & WEG:
Auto: Parkplätze rund um die Landungsbrücken; etwa bei den Sankt Pauli Landungsbrücken, 20359 Hamburg (GPS: 53.546160, 9.967903)
ÖPNV: Start an den Landungsbrücken (U-/S-Bahn), Aufzüge vorhanden, zurück von der S-Bahn-Station Fischbek (Rampe)

ESSEN & ENTSPANNEN:
Zur Börse ❸ Francoper Straße 57, 21147 Hamburg, Tel. (0 40) 7 01 82 16, www.restaurant-zur-boerse.de
Wildpark Restaurant ❼ Am Wildpark 1, 21224 Rosengarten, Tel. (0 40) 8 19 77 47 40, www.wildpark-restaurant.de

ENTDECKEN & ERLEBEN:
HVV-Hafenfähre ❶
Museumshafen Finkenwerder ❷
Fischbeker Heide ❹
Fischbeker Heidehaus ❺ Fischbeker Heideweg 43 a, 21149 Hamburg, Tel. (0 40) 73 67 72 30, www.loki-schmidt-stiftung.de/fischbek
Wildpark Schwarze Berge ❻

* 42 Kilometer
* 381 Höhenmeter
* 5 Stunden
* Rundtour

Alsterufer an der Alsterperle

Oasen im Osten

Alster, Auen, Ohlsdorf

Wir starten die Rundtour an der **U-Bahn-Station Borgweg** und fahren – aus der Station kommend – links den Borgweg hinauf, um erneut links auf Südring/Grasweg zu schwenken. An einem Hinweisschild zum Planetarium biegen wir links in die **Maria-Louisen-Straße** ein und genießen die abschüssige Fahrt, bis es links auf der **Sierichstraße** weitergeht. Nach 200 Metern schwenken wir rechts in den Weg Rondeel (in der Verlängerung Bellevue). Wir radeln stets nah am Ufer, vorbei an prächtigen Villen, überqueren bald die Langenzugbrücke nach rechts, um über die Herbert-Weichmann-Straße erneut nach rechts in die Fährhausstraße abzuzweigen. Nach einer Linkskurve passieren wir Hamburgs **„Blaue Moschee"**; gegenüber schieben sich weiße Segel über die

„Blaue Moschee" an der Außenalster

Außenalster. Hamburger genießen diese Aussicht vom Open-Air-Café **Alsterperle 1**, das bald erreicht ist.

Nur ein kurzes Stück weiter und wir biegen – noch vor der Schwanenwikbrücke – links in die Hartwicusstraße ein, welche auf die Mundsburger Brücke trifft. Gegenüber der Tapas-Bar **Spanische Treppe 2** kreuzen wir diagonal auf die andere Seite des Kanals. Ab hier weist uns das Wasser den Weg. Vorbei am idyllischen **Kuhmühlenteich** samt bildschöner St.-Gertrud-Kirche radeln wir weiter im Geleit des Eilbekkanals. Dieser steht Amsterdam mancherorts in nichts nach: Von der **Brücke der Wagnerstraße** erhascht man einen schönen Blick auf einige der exklusivsten Hausboote Hamburgs.

An der Maxstraße, wo der Radweg vor einer Kirche endet, überqueren wir die Brücke und radeln nun auf der nördlichen Uferseite weiter. Ab hier verwandelt sich der Eilbekkanal in die gemächlich dahinplät-

Tapas-Bar Spanische Treppe

Für die Seele

Auf grünen Pfaden und entlang plätschernder Auen erkunden wir Hamburgs blühenden Osten. Staunend streifen wir durch Europas größten Parkfriedhof.

Hausboote auf dem Eilbekkanal

schernde Wandse mit urwüchsig-üppigen Ufern. Die Lortzingstraße hinuntergefahren, rollen wir – via Friedrichsberger Straße – in den **Eilbekpark** mit herrlich breiten Radwegen; die nächste Kreuzung überfahren wir geradeaus, unterqueren die Bahntrassen und finden uns an der **S-Bahn-Station Friedrichsberg** wieder. Von hier überqueren wir die Kreuzung diagonal, fahren in den Park und folgen dem Ufer des Mühlenteichs linksseitig. Wie ein Kompass leitet uns die Wandse, der wir mal am rechten, mal am linken Ufer über Brücken hinweg folgen; bald queren wir die Wandsbeker Allee (Ring 2).

*Im Hamburger **Baumkataster** ist jeder einzelne Straßenbaum der Stadt samt Art, Pflanzjahr und Kronendurchmesser verzeichnet. Mit 60.000 Straßenbäumen hat der Bezirk Wandsbek in Hamburg die grüne Nase vorn.*

Bis uns der Pfad in fast hawaiianische Gefilde führt, kosten wir den schattigen, rund 2 Kilometer langen Weg entlang der Au – vorbei am Holzmühlenteich und durch den Eichtalpark – in vollen Zügen aus. Am Beginn des **Eichtalparks** erspähen wir rechter Hand nicht nur die Frauenskulptur namens **„Schöne“ 3** – versteckt hinter Hecken lädt der Biergarten des Restaurants **Zum Eichtalpark 4** zu einer Erfrischung ein.

Wir folgen dem mäandrierenden Rad- und Wanderpfad, gesäumt von Ahorn, Buchen und prächtigen Färber- und Weideneichen.

Nach dem Passieren der Tennisanlage (links) stehen wir schon vor dem Tor in ein urbanes Paradies: den **Botanischen Sondergarten 5** – im Sommer ein Farbenmeer. Palmwedel und Bananenstauden rascheln in seiner Mitte, rundherum sprießen Fenchel oder die leuchtende Fackellilie. Es gedeihen Katzenminze und echter Pfeffer, während im Frühjahr die stattliche Magnolie und der Taschentuchbaum erblühen.

Skulptur namens „Schöne“ im Eichtalpark

Von den Düften zehrend, radeln wir auf der Weiterfahrt vom Tor über die gegenüberliegende Brücke, passieren bald eine zweite (über die Rahlau) und halten uns an der nächsten Weggabelung links, sodass wir erneut die **Rahlau** kreuzen und nun wieder am rechten Ufer der Wandse auf dem Wanderweg namens Deichpromenade unterwegs sind. Stets am Wasser navigierend, stoßen wir bald auf den **Ostender Teich** (rechts). Hier radeln wir weiter entlang der Wandse, queren die Wandsepromenade und lassen dann die Wandse hinter uns. Unsere neue

Begleiterin heißt **Berner Au**. Nach 100 Metern gabelt sich der Weg. Wir folgen der Beschilderung in den Pfad Waldwinkel, an dessen Ende es hinauf zum Kupferdamm und gleich darauf um den **Kupferteich** geht, den wir östlich umradeln.

Den See hinter uns lassend, rollen wir genüsslich weiter längs der gurgelnden Berner Au. Nach der Querung des Rahlstedter Wegs nach 700 Metern geht es direkt weiter auf dem besinnlichen Auenweg, der – eine Sportanlage passierend – linker Hand auf den **Berner Heerweg** trifft. Mehrere Gleisbrücken unterquerend, zweigen wir direkt nach diesen (am Hinweisschild einer Feuerwehrzufahrt) in den parallel zur Straße verlaufenden Sandweg ein und fahren entlang Kleingärten, bevor wir – an der Gabelung links halten – vor der Busbrookhöhe den Berner Heerweg überqueren und geradeaus fahren. Nach 100 Metern geht es rechts weiter in Richtung **Rückhaltebecken**. Jenen Ententeich umfahren wir an seinem linken (westlichen) Ufer und halten uns an der nächsten Gabelung rechts. So gelangen wir nach rund 200 Metern zurück an die Berner Au.

Nach weiteren etwa 300 Metern kreuzen wir über eine kleine hölzerne Brücke ans andere (östliche) Ufer, wo wir nach einem U-Turn eine sehr kurze Strecke zurückradeln. Dann tut sich der **Deepenhorngraben** vor uns auf. Statt über die Brücke zu fahren, zweigen wir links in den Trampelpfad im nördlichen Verlauf des Grabens ab. Zwar holpern wir am Ufer bisweilen über Baumwurzeln, dafür genießen wir das urige Wäldchen am Deepenhorngraben, der in den Teich des angrenzenden **Berner Gutsparks** 6 mündet. Den Berner Gutsweg kreuzend und anschließend über die Brücke radelnd, gelangen auch wir dorthin und durchstreifen die schöne Grünanlage. Auf einer Parkbank genießen wir einen Moment der Stille und den Ausblick auf das ockerfarbene **Berner Schloss**.

Deepenhorngraben

Vom Eingang des Schlosses führt ein Sandweg auf die Berner Allee, die wir diagonal kreuzen, um auf dem Saselheider Weg in ein charmantes und denkmalgeschütztes Häuserensemble zu radeln: die **Gartenstadt Berne**. Vor rund 100 Jahren entstanden in diesem Areal 540, oft doppelhälftige Backsteinhäuser auf großzügigen Grundstücken, die einst der Selbstversorgung dienten. Als weiteres verbindendes Element zieren blaue, grüne und weiße Fensterläden mit hübschen Schnitzereien die Wohnhäuser.

An der Kreuzung zum **Karlshöher Weg** zweigen wir links in selbigen ab und durchradeln bald einen Waldabschnitt. Nach diesem stoßen wir an der T-Kreuzung auf

Gut Karlshöhe

die Lienaustraße. Hier geht es – nach einem Linksrechts-Manöver (an einer großen Eiche) auf dem Weg **Blakshörn** weiter. Wir folgen dem Pfad auch über die nächste Kreuzung hinweg, um nach 200 Metern rechts abzuzweigen. Schon nach 50 Metern biegen wir links in einen Sandweg (er verläuft zwischen Werfelstieg und Erich-Kästner-Ring). Nach 300 Metern ist eine T-Kreuzung erreicht, an der es rechts weiter entlang eines Wassergrabens geht. Wir passieren den „Raketen Spielplatz“ und zweigen bald – noch vor dem Carsten-Reimers-Ring – links in den Pfad ein, der neben dem Wassergraben verläuft (am Hinweisschild auf ein Privatgrundstück). Rund 150 Meter weiter ist linker Hand die Zufahrt zum **Gut Karlshöhe** **7** erreicht. Ein Stadtidyll, das Umweltzentrum und Bauernhof in einem ist – und ein wunderbares Fleckchen für eine entspannte Rast.

Im **Kleinhuis' Gartenbistro** **8** locken Holunderlimonade und Streuselkuchen. Diese dürfen Besucher auch im paradiesischen Bauerngarten genießen. Freilaufende Hühner tapsen gackernd umher; Blumen, Beeren und Arzneipflanzen sprießen im Bauerngarten um die Wette. Verzaubert vom kleinen Paradies spazieren wir über Streuobstwiesen und rund um das kleine Waldstück.

Den Hof Richtung Westen – via Parkplatz – verlassend, treffen wir auf die Straße **Karlshöhe**, kreuzen links diagonal über den Trampelpfad einer Grünfläche auf den Bucheckerweg. Nach 400 Metern stößt dieser auf den Weg Am Stühm-Süd. Hier lenken wir links, um sogleich schräg rechts in den Weg Lüdmoor abzuzweigen. In 600 Metern ist eine Weggabelung samt Litfaßsäule (auf einer Straßeninsel) erreicht. Wir radeln weiter geradeaus; am Briefkasten führt ein Sandweg in ein kleines Waldareal, vor dessen Ende wir nach rechts in den Weg einschwenken. An einem Baumkreis mit majestätischen Kastanien biegen wir 90 Grad links ab und gelangen so auf die Straße Maisredder. Diese Stichstraße weist uns den Weg zum größten und wohl schönsten Parkfriedhof der Welt.

Mit knapp 390 Hektar ist der **Ohlsdorfer Friedhof** **9** tatsächlich Hamburgs größte Grünanlage. Auf einer Fläche von 4 mal 1,5 Kilometern verbergen sich 800 Skulpturen unter beeindruckenden 450 verschiedenen Laub- und Nadelhölzern. Einem Geschichtsbuch gleich erzählt dieser überkonfessionelle Friedhof aus Hamburgs Vergangenheit. Seit seiner Öffnung 1877 fanden 1,4 Millionen Seelen hier ihre letzte Ruhestätte – darunter zahlreiche Hamburger Persönlichkeiten wie Loki und Helmut Schmidt, Albert Ballin oder Hans Albers. Auch Soldatengräber, ein Mahnmal für die Opfer der NS-Verfolgung und ein **Gedenkplatz für die Sturmflutopfer** **10** haben hier ihren Platz.

Um Letzteren zu besuchen, radeln wir zunächst die **Sorbusallee** hinunter. Über diese Straße gelangt man theoretisch auch direkt dorthin. Doch wir wählen geschwungene (Um)wege, um verschiedene Parkareale zu erkunden. Dazu zweigen wir an der nächsten Straßenkreuzung rechts auf die Eichenallee ab, folgen ihr im Linksbogen und radeln geradeaus auf einen

Historischer Wasserturm
an der Cordesallee

schmaleren Weg – statt in die Kirschenallee abzubiegen. Nach etwa 180 Metern geht es in einer 90-Grad-Kurve links auf einem im Zickzack verlaufenden Pfad südwärts, geradewegs zurück auf die Sorbusallee. Hinter Hecken verbirgt sich die großzügige Gedenkstätte, welche an die Sturmflutnacht des Jahres 1962 erinnert.

Der Sichtachse Richtung Süden folgend, gelangen wir auf die breite Mittelallee (Hauptachse). Wir radeln nach rechts und erreichen nach 200 Metern den Moorkampgraben, in den wir rechts abzweigen. Links (westlich) des Grabens schieben wir entlang der **Schmetterlingsgärten** bis zum kreisrunden Pröckelmoorteich. Hier gen Westen fahrend, gelangen wir auf einen gepflasterten Weg, der, vorbei an der nördlichen Parkeinfahrt (zur S-Bahn-Station Kornweg) in südöstlicher Richtung durch den Parkfriedhof führt. So erreichen wir, den **Garten der Frauen** passierend, den **historischen Wasserturm** an der Cordesallee (Hauptachse). Auf dieser radeln wir Richtung Westen und biegen kurz darauf rechts in die Waldstraße ein. Nach etwa einem halben Kilometer zeigt ein Wegweiser zur **Ruhestätte der Hamburger Legende Hans Albers** ⑪. Wie es sich der „blonde Hans" gewünscht hatte, erklang nach der Trauerrede im Juli 1960 sein großer Hit „La Paloma ohe".

Bekannt als „blonder Hans", ist der Sänger und Schauspieler ***Hans Albers*** *(1891–1960) untrennbar mit Hamburg verbunden. Seine Schlager wie „Auf der Reeperbahn nachts um halb eins" werden bis heute von feierwütigen Kiez-Besuchern geschmettert.*

Grabstätte von Hans Albers

Von hier aus rollen wir im großen Bogen weiter – über Wald-, Teich- und Rosenstraße zurück zur Cordesallee und von dort rechts weiter zum Haupteingang. An der Ampel kreuzen wir die Fuhlsbüttler Straße, radeln auf der Alsterdorfer Straße unter Bahngleisen hindurch, um bald rechts über den Weg Im Grünen Grunde auf den **Alsterwanderweg** zu rollen. Links abgebogen, führt nach einem Kilometer eine Rad-

rampe hinauf zur Sengelmannstraße, in die wir nach links abbiegen. Wir folgen der Veloroute 5 – das neue Pergolenviertel passierend – und erreichen nach 2 Kilometern den **Hamburger Stadtpark** ⑫. An der Ampel auf den gegenüberliegenden Radweg der Saarlandstraße gekreuzt, fahren wir links und schwenken bei nächster Gelegenheit rechts in die herrliche Parkanlage, in der Besucher sogar an Kräuterwanderungen teilnehmen können.

Bevor wir unsere Rundtour in **Sierichs Biergarten** ⑬ beschließen, drehen wir eine Abschlussrunde gegen den Uhrzeigersinn. Dabei passieren wir das schöne **Lesecafé** ⑭, radeln über die Otto-Wels-Straße hinweg in den Wald, staunen über das imposante **Planetarium** ⑮ und fahren zurück, vorbei am belebten **Stadtparksee**. Bald erscheint im Südosten des Parks (Zugang über Südring) der Biergarten, in dem wir bei schmeichelnder Abendsonne den Weitblick bis zum Planetarium genießen. Vom Tag erfüllt, radeln wir über den Südring zurück zur U-Bahn-Station Borgweg.

*Wer mehr über wild wachsendes Powerfood erfahren möchte, heftet sich an die Fersen von **Ursula Axtmann**. Die Heilpraktikerin erklärt auf Kräuterwanderungen, wo Breitwegerich, Brennnesseln & Co. im Stadtpark sprießen und welch große Heilkräfte sie besitzen.*

Fuhlsbüttel
433
Wellingsbüttel
Gartenstadt Berne
Ohlsdorf
Karlshöhe
Berner Allee
Berner Heerweg
Maienweg
Sengelmannstraße
Bramfelder See
Fuhlsbüttler Straße
Steilshoop
Bramfelder Chaussee
Bramfeld
Farmsen-Berne
Groß Borstel
Alster
Alsterdorf
Alter Zollweg
Rahlstedter Weg
Rahlstedt
Jahnring
Barmbek-Nord
Stadtpark
Winterhude
Stadtparksee
Kupfer-
teich
Eppendorf
5
Wiesendamm
Ostender
Teich
Friedrich-Ebert-Damm
Tonndorf
Sierichstraße
Goldbekkanal
Osterbekkanal
Dulsberg
Rahlau
Walddörferstraße
Ahrensburger Straße
Isebekkanal
Barmbek-Süd
Harveste-
hude
Rothenbaumchaussee
Mundsburg
Jenfeld
Wandsbek
Rotherbaum
Uhlenhorst
Wandse
Eilbek
Barsbüttel
24
Außenalster
Marienthal
Öjendorfer See

Alles auf einen Blick

Entspannung ✱✱✱✱✱
Genuss ✱✱✱✱
Romantik ✱✱✱✱

WIE & WANN:
Die Strecke, zumeist feste Sandwege, ist ganzjährig befahrbar, könnte nach längeren Regenfällen jedoch bisweilen matschig sein. Im Sommer blüht und grünt es am schönsten; dann bietet die Tour viel Schatten.

HIN & WEG:
Auto: Rings um die U-Bahn-Station Borgweg, Borgweg oder Otto-Wels-Straße, 22303 Hamburg (GPS: 53.591338, 10.015279)
ÖPNV: U-Bahn-Station Borgweg südlich des Stadtparks, Aufzug vorhanden

ESSEN & ENTSPANNEN:
Alsterperle ❶ Eduard-Rhein-Ufer 1, 22087 Hamburg, Tel. (0 40) 22 74 82 73, www.alsterperle.com
Spanische Treppe ❷ Armgartstraße 7, 22087 Hamburg, Tel. (0 40) 18 10 07 57, www.spanische-treppe.com
Zum Eichtalpark ❹ Ahrensburger Straße 14, 22041 Hamburg, Tel. (0 40) 6 56 09 13, www.zum-eichtalpark.de
Kleinhuis' Gartenbistro auf Gut Karlshöhe ❽ Karlshöhe 60 d, 22175 Hamburg, Tel. (0 40) 60 00 92 45, www.kleinhuis-gartenbistro.de
Sierichs Biergarten ⓭ Südring 5 b, 22303 Hamburg, Tel. (0 40) 65 03 10 00, www.sierichs.de
Lesecafé Stadtpark ⓮ Saarlandstraße 67 a, 22303 Hamburg, Tel. (01 72) 8 26 16 59, www.lesecafe-stadtpark.de

ENTDECKEN & ERLEBEN:
Skulptur „Schöne" im Eichtalpark ❸ **Botanischer Sondergarten** ❺
Berner Gutspark ❻ **Umweltzentrum Gut Karlshöhe** ❼ Karlshöhe 60 d, 22175 Hamburg, Tel. (0 40) 63 70 24 90, www.gut-karlshoehe.de **Ohlsdorfer Friedhof** ❾
Gedenkplatz für Sturmflutopfer ❿ **Grabstätte von Hans Albers** ⓫
Stadtpark ⓬ www.stadtparkverein.de (für Kräuterwanderung-Buchung notwendig)
Planetarium Hamburg ⓯

* 26 Kilometer
* 289 Höhenmeter
* 3 Stunden
* Rundtour

Wald und Wiesenlandschaft

Blätterrausch

Reinbek, Bille & Sachsenwald

Die Rampe am südlichen Ausgang der S-Bahn-Station Reinbek hinaufgeschoben, steigen wir direkt ein in die ganze Pracht des grünen Vororts: Direkt gegenüber weist an der Ladestraße eine Infotafel in den wunderschönen **Reinbeker Schlossgarten**, angelegt im Stil eines englischen Landschaftsgartens. Vorbei an Nebengebäuden umfahren wir das backsteinerne **Reinbeker Schloss** ❶ aus dem 16. Jahrhundert mit seinen markanten, schwarz-weiß gemusterten Fensterläden.

Der Pfad führt direkt auf den **Mühlenteich** zu. Der kleine See entstand durch die Stauung der Bille, welcher wir weiter flussaufwärts folgen werden. Dazu verlassen wir den Schlossgarten Richtung Süden, umfahren den Mühlenteich auf dem Uferpfad, radeln über eine Brücke hinweg und südwärts um den Teich herum. Wenig später mündet der Sandweg in die Straße **Am Mühlenteich**, in die wir nach links einbiegen. Von hübschen Villen gesäumt, macht der Weg einen scharfen Rechtsbogen und wird zur Golfstraße. Nach rund 150 Metern schwenken wir nach links in den ausgeschilderten Waldweg **Wohltorfer Kirchenstieg**.

Für 1 Kilometer geht es auf mitunter verschlungenen Wegen auf- und abwärts durch einen urwüchsigen Waldabschnitt, der teils etwas Fahrgeschick erfordert. Dann stoßen wir auf eine Weggabelung, an der wir uns rechts halten und 250 Meter weiter Richtung Osten fahren. Nun radeln wir auf eine T-Kreuzung zu, an der wir rechts und sogleich links abbiegen. Diesem gut zu befahrenden, festen Waldweg folgen wir abermals 350 Meter fast geradeaus. Nun verläuft der Weg

*Besucher erwartet beim Besuch des **Renaissance-Schlosses Reinbek** eine Audiotour der besonderen Art. Kein Geringerer als der bekannte Schauspieler Bjarne Mädel, gebürtiger Reinbeker, hat sie eingesprochen und führt Gäste in 45 Minuten durch die altehrwürdigen Gemäuer.*

*Alternativ zur Route durch den Wald bis zum Tonteich bietet sich der ebenere, **nördliche Pfad** parallel zu den Gleisen an. Er führt ab der S-Bahn-Station auf der Ladestraße (später Eschenweg) bis auf die Straße Am Tonteich – und entspricht dem Rückweg.*

scharf links und wir treffen erneut auf eine T-Kreuzung, der wir nach rechts folgen. (Auffällig ist hier ein mit dem Baumstamm verwachsenes altes Metallschild.)

Jetzt geht es geradewegs auf die Straße **Am Tonteich** zu, benannt nach dem gleichnamigen, umzäunten See, der sich rechter Hand hinter Gebüsch versteckt. Von Mai bis September lädt das **Sachsenwaldbad Tonteich** ❷ zum Badevergnügen ein. Etwa 1,5 Kilometer fahren wir, nun auf Asphalt, weiter geradeaus durch ein ruhiges Wohnviertel, bis wir die **S-Bahn-Station Wohltorf** erreichen. Statt von dort aus der Eichenallee zu folgen, radeln wir geradeaus auf dem namenlosen, doch wunderbar von Grün gesäumten Sandweg weiter gen Nordosten. Mit dem Überqueren einer hölzernen Brücke tauchen wir ein in das verwunschene **Billetal**. Den Fluss hatten wir bis hierher aus den Augen verloren, nun folgen wir seinen idyllischen Ufern, indem wir hinter der Brücke rechts – und nach 100 Metern abermals rechts in einen Wanderweg abzweigen, der hufeisenförmig südlich um den inselartigen Stadtteil **Krabbenkamp** führt. Neben dem Wanderweg (Privatweg) besteht ein parallel verlaufender Pfad direkt am Fluss, auf den wir hin und wieder wechseln, um dem Gewässer noch näher zu kommen.

*Die **Bille** entstand durch abfließendes Schmelzwasser nach der letzten Eiszeit. Dynamisch zieht der Kaltwasserbach seine Schleifen durchs märchenhafte Billetal – von seiner Quelle nahe der Hahnheide bis zur Mündung in die Elbe.*

Die Bille ist ein Refugium zahlreicher Arten und bietet viele Brutmöglichkeiten. Mit etwas Glück und Geduld (und einem Feldstecher) ist neben Wasseramsel und Gebirgsstelze sogar der blau schillernde Eisvogel zu bewundern. Im Bach selbst tummeln sich

Für die Seele

Wo es plätschert und rauscht, radelt die Seele fröhlich mit. Wir folgen der Bille entlang des verträumten Eisvogelwegs und wandeln auf den Spuren Bismarcks.

seltene Fischarten wie die Elritze, Bachforelle oder das Flussneunauge. Genüsslich treten wir in die Pedale, kreuzen zum Ende den **Ellerholdestieg**, bis der Weg nach einem Rechtsknick wieder zwischen Fluss und Bahngleisen verläuft. Dieser Abschnitt verlangt etwas mehr Geschick, weil der Pfad hier wesentlich schmaler wird und streckenweise sehr nah am Wasser verläuft – gegebenenfalls absteigen.

Nach etwa 400 Metern unterqueren wir eine massive Bahnbrücke, wonach es mit einem ordentlichen Anstieg (hier schieben) hinauf zur Sachsenwaldstraße geht. Oben angelangt, lädt eine Bank am Wegesrand zur Verschnauf- oder Trinkpause. Vorsichtig queren

Billetal

wir die **Sachsenwaldstraße** und fahren auf dem Radweg rechtsherum weiter.

Nach nur 200 Metern verlassen wir diese Straße bereits wieder und schwenken links, entlang eines Parkplatzes, in die Stichstraße **Am Mühlenteich**. Kurz darauf stehen wir vor dem traumhaft an Bille und Mühlenteich gelegenen Hotel und Restaurant **Fürst Bismarck Mühle** ③. Das historische Fachwerkgebäude mit 650 Jahre alten Grundmauern bildet unser Tor zum Sachsenwald. Hinter dem Gebäude zweigen wir links ab, passieren den Eingang und fahren über die Bille-Brücke hinweg weiter auf dem Mühlenweg, der zunächst einen Linksbogen macht. Endlich dürfen wir in Schleswig-Holsteins größtem zusammenhängenden Wald schwelgen, dessen natürliche nordwestliche Grenze das Billetal markiert. Relativ zu Beginn gabelt sich der Weg. Nach rechts führt er in die **Lindenallee**, einer der Hauptwege durch den Sachsenwald. Wir radeln jedoch auf dem linken (namenlosen) Weg weiter. Gen Nordwesten führt er schnurgerade durch den Wald.

Nach genau 1 Kilometer zweigen wir links in einen relativ breiten Weg ein, der direkt auf die Bille zuführt.

Ist er zu matschig, kann man gut auf den Wegesrand ausweichen. Nach rund 500 Metern durch den würzigen Sachsenwald radeln wir auf die sogenannte **Fürstenbrücke** zu. Statt diese zu überqueren, biegen wir – an der Infotafel – rechts ab und folgen einem hügeligen, oberhalb der Bille verlaufenden Waldpfad. Der Fluss begleitet uns dabei für gut 2 Kilometer, auf denen das Billetal fast schluchtenartig durch den urigen Auwald mäandert. Sanfte Sonnenstrahlen blinzeln durch urwüchsige, schützende Baumkronen. Diese Etappe liegt auf dem sogenannten **Eisvogelweg**, der teils von Wurzelwerk und unebenen Passagen geprägt ist. Teile des Weges zu schieben, lässt uns die Magie der Waldoase noch bewusster erleben. Wir halten inne und lauschen den Klängen der Natur. Manch Vogelruf schallt durchs Gehölz, während die Bille leise gurgelnd durch das Tal fließt. Moose und Farn bedecken die Ufer. Ein herrlicher Ort, um neue Kraft zu tanken.

Wem die Etappe entlang Bille und „Eisvogelweg“ zu holperig erscheint – oder wer die freie Fahrt durch den Forst bevorzugt, folgt der ***Lindenallee*** *nach rechts und nimmt die fünfte Wegabzweigung nach rechts, um unserer Rundroute weiter zu folgen.*

Am Eisvogelweg

Bismarck-Museum

Nach rund 2 Kilometern – im Verlauf passieren wir eine weitere Brücke – gelangen wir zur hölzernen **Doktorbrücke**. Hier verabschieden wir uns vorerst von der Bille und biegen rechts in einen breiter werdenden Waldweg ein. Für etwa 2,5 Kilometer bleiben wir auf Kurs. Geht es zunächst durch recht lockeren Sand, wird die Passage im Verlauf steiniger, aber fester, bis wir auf der zweiten Hälfte beschwingt durch den Wald rollen. Kaum eine Menschenseele kreuzt unseren Weg, stattdessen die bereits bekannte **Lindenallee**. Bald darauf trifft der Waldweg auf die asphaltierte **Sachsenwaldstraße**, die in Nord-Süd-Achse durch den Forst verläuft. In diese biegen wir rechts ab (Achtung, kein Radweg) und rollen nur 1 Kilometer später bergab hinein ins legendäre Örtchen **Friedrichsruh**. Zwischen historischen Bauten unternehmen wir eine Reise in die Vergangenheit. Geprägt ist das Fleckchen vor allem durch den ersten deutschen Reichskanzler Otto von Bismarck – und seine Nachfahren, die bis heute hier beheimatet und Eigentümer des Waldes sind.

Auf der Rosenstraße passieren wir linker Hand das Gelände des **Forsthauses Friedrichsruh** ④, rechts erblicken wir (an der Kreuzung) das sehenswerte **Bismarck-**

Museum ❺ mit historischen Erinnerungsstücken und persönlichen Gegenständen Bismarcks. Nach rund 100 Metern biegen wir rechts auf das Gelände der **Otto-von-Bismarck-Stiftung** ❻ ein. Sie widmet sich der Erforschung des Lebens und Wirkens Bismarcks sowie der politisch-historischen Bildungsarbeit. Unter dem Dach des restaurierten, historischen Bahnhofs Friedrichsruh lohnt der Besuch der Dauerausstellung „Otto von Bismarck und seine Zeit". Der Eintritt für beide Häuser ist frei.

Nach so viel spannender Geschichte radeln wir von hier aus ein kurzes Stück zurück, biegen, vorbei am Bismarck-Museum, links in die Straße **Am Museum** und fahren bald rechtsherum entlang der Bahngleise auf dem **Schlossweg** weiter.

Nach 300 Metern führt uns eine 90-Grad-Rechtskurve in Richtung des nächsten (ausgeschilderten) Ziels. Vorbei am Parkplatz, stoßen wir auf den Weg **Am Schlossteich**. An der Koppel eines Pony-Gnadenhofs zweigen wir rechts ab und steuern ein besonderes farbenprächtiges Paradies an: den **Garten der Schmetterlinge** ❼. Sein Herz schlägt in seinem Tropenhaus, unter dessen Dach 40 exotische Schmetterlingsarten aus aller Welt von Blatt zu Blüte flattern – über 1000 Schmetterlinge insgesamt. Bei 26 Grad und hoher Luftfeuchtigkeit kommen wir etwa dem handtellergroßen, kobaltblauen Morphofalter oder dem gelb-schwarzen Malachitfalter ganz nah; Arten, die sonst in Südamerika beheimatet sind. Rings um das Tropenhaus lädt die liebevoll gestaltete Parkanlage samt Rosengarten, Libellenteich und dem singendem Wassergarten zum Flanieren ein. Ein köstlicher Birnenkuchen erwartet uns indes im **Café Vanessa** ❽. Bei schönstem Ausblick auf

Blauer Morphofalter

Hochzeitsfalter im Tropenhaus

den Schlossteich sammeln wir Energie für den Rückweg nach Reinbek.

Dazu radeln wir wieder zur Ponyweide, verbleiben auf diesem Weg, überqueren die Schwarze Au und treffen nach rund 300 Metern auf eine dreifache Weggabelung. Hier radeln wir nach links, fahren über eine weitere Au-Brücke und halten uns dann rechts. Flankiert von der Schwarzen Au gelangen wir wie von selbst zum schönen Hotel und Restaurant **WaldesRuh am See** 9.

Hier schließt sich unser Rundkurs durch den Sachsenwald und wir zweigen links auf die Straße Am Mühlenteich ab. Etwas bergauf geradelt, überqueren wir an der Kreuzung die Schönningstedter Straße. Wir steuern den **S-Bahnhof Aumühle** über die Bahnhofstraße an und queren die Gleise über die Brücke. An der T-Kreuzung zweigen wir rechts in die Emil-Specht-Allee ab, um sogleich nach links in die **Dora-Specht-Allee** zu schwenken. Auf den folgenden 2,5 Kilometern, zurück auf Asphalt, dürfen wir Einblicke in prächtige Villengrundstücke erhaschen und über die architektonische Vielfalt staunen. Während die Straße später in die Börnsener Straße übergeht, fahren wir weiter geradeaus. Linker Hand begleitet uns bald der südliche Ausläufer des Sachsenwaldes. Schließlich zweigen wir rechts in den **Perlbergweg** ab, dem wir bis zur Kreuzung folgen. Auf der Wentorfer Straße radeln wir geradeaus weiter, um nach 200 Metern – in der Linkskurve – nach rechts in die **Gutenbergstraße** abzubiegen. Diese führt entlang von Wald und Pferdeweiden auf die bereits bekannte Straße **Am Tonteich** zu.

Dort halten wir uns links, verbleiben 300 Meter auf dem Weg Am Tonteich und zweigen nun – an einem **Infoschild zum Naturschutzgebiet Billetal** – rechts in einen herrlich ruhigen Rad- und Wanderweg ein. Dieser bringt uns auf 1,5 Kilometern direkt zurück zur S-Bahn-Station Reinbek. Wer mag, kann die Tour im **Bringezu Restaurant und Café im Schloss Reinbek** 10 kulinarisch ausklingen lassen.

Neuschönningstedt
Oher Tannen
Ohe
Schönningstedt
Sachsenwaldstraße
Naturschutzgebiet Billetal
Lindenallee
Sachsenwald
L 208
Friedrichsruh
Schnecken-berg
Au
Alte Schulstraße
Aumühle
Bergstraße
Börnsener Straße
Bille
Billetal
Krabben-kamp
Eichenallee
Wohltorf
Flagredder
Dorfstraße
Alte Allee
Staatsforst Trittau
L 222
Reinbek
Tonteich
Perlbergweg
Wentorfer Straße
Hamburger Straße
Mühlenteich
Wentorfer Lohe
Wentorf bei Hamburg

Alles auf einen Blick

Entspannung ✱✱✱✱✱
Genuss ✱✱✱✱✱
Romantik ✱✱✱✱✱

WIE & WANN:
Fast durchgängig Wald- und Sandwege. Die Strecke ist ganzjährig befahrbar, nach längeren Regenperioden jedoch teils matschige Waldwege; im Sommer wohltuend kühl.

HIN & WEG:
Auto: Parken in der Sophienstraße 1, 21465 Reinbek. Auf Parkplätzen maximale Parkdauer beachten (GPS: 53.508743, 10.253103)
ÖPNV: S-Bahn-Station Reinbek, Fahrstühle und Radrampe (Südausgang) vorhanden

ESSEN & ENTSPANNEN:
Fürst Bismarck Mühle ❸ Mühlenweg 3, 21521 Aumühle, Tel. (0 41 04) 20 28, www.bismarckmuehle.com
Forsthaus Friedrichsruh ❹ Ödendorfer Weg 5, 21521 Aumühle, Tel. (0 41 01) 6 99 28 99, www.forsthausfriedrichsruh.de
Café Vanessa ❽ Am Schlossteich 8, 21521 Aumühle (Friedrichsruh), Tel. (0 41 04) 60 37, www.gartenderschmetterlinge.de (Winterpause beachten)
WaldesRuh am See ❾ Am Mühlenteich 2, 21521 Aumühle, Tel. (0 41 04) 6 95 30, www.waldesruh-am-see.de
Bringezu Restaurant und Café im Schloss Reinbek ❿ Schloßstraße 5, 21465 Reinbek, Tel (0 40) 73 09 30 30, www.bringezu-schloss.de

ENTDECKEN & ERLEBEN:
Schloss Reinbek ❶ www.schloss-reinbek.de
Sachsenwaldbad Tonteich ❷
Bismarck-Museum ❺ Am Museum 2, 21521 Friedrichsruh, Tel. (0 41 04) 9 63 93 44
Otto-von-Bismarck-Stiftung ❻ Am Bahnhof 2, 21521 Friedrichsruh, Tel. (0 41 04) 9 77 10 www.bismarck-stiftung.de
Garten der Schmetterlinge ❼ www.gartenderschmetterlinge.de

Cafe Entenwerder1
45 Kilometer
169 Höhenmeter
5 Stunden
Rundtour

Los geht es an den imposanten **Deichtorhallen ❶**. Voller Vorfreude in die Pedale geschwungen, starten wir direkt am Kanal gen Osten und passieren bald den neuen Hammerbrooklyn Digital Campus, eine Brutstätte für kreative Projekte. Wir folgen dem Radweg entlang der Waterkant, hinweg über die **Hammerbrookschleuse** und vorbei am Gelände des Großmarktes. Schließlich queren wir die Brandshofer Schleuse und radeln nun entlang des **Billhafens**, an dessen Ende wir schwungvoll in eine Rechtskurve gehen. Ruppiger Hafenindustriecharme prägt diesen Ort: ein mit Graffiti übersäter alter Kran am Löschplatz – ein Kulturdenkmal. Im Westen spannen sich drei markante Bahnbrücken übers Wasser – und so manch weißes

Grünblaue Sicht

Rund um die Marschlande

Gefieder ziert die Kaimauern: Möwen halten Klönschnack, flattern kreischend durch die Lüfte.

Weiter Richtung Norderelbe führt der Rad- und Fußgängerweg in einem U-Turn unter der **Billhorner Brückenstraße (B 75)** hindurch. Auf der anderen Seite leitet uns der Alexandra-Stieg direkt zu einer Fußgängerbrücke, die rechter Hand in den **Elbpark Entenwerder** führt. Auf Sandwegen radeln wir durch das beschauliche Kleinod, vorbei am lässigen, auf einem Ponton gelegenen **Café Entenwerder1 ❷** und dem Entenwerder Fährhaus.

Nun geht es automatisch wieder hinauf zum Ausschläger Elbdeich, von wo sich bereits das imposante **Wassersperrwerk Billwerder Bucht ❸** zeigt. Jenes über-

Villa Kaltehofe

quert, rollen wir auf den Kaltehofe Hauptdeich und damit auf eine besondere Perle zu, die selbst für viele Hamburger ein Geheimtipp ist: die einst künstlich angelegte **Elbinsel Kaltehofe** – seit 2011 ein Industriedenkmal. Nachdem wir eine Weile auf dem Deich entlanggeschoben haben und den Blick über die Norderelbe haben wandern lassen, erspähen wir linker Hand Spuren Hamburger (Wasser-)Geschichte: rechtwinkelige, von Schilf umwucherte Wasserbecken, gesäumt von backsteinernen, sogenannten Schieberhäuschen. Dort, wo einst Hamburgs Trinkwasser aufbereitet wurde, hat sich längst die Natur ihren Weg gebahnt. Heute nisten hier Vögel und sprießen Hunderte Pflanzenarten, wie der endemische Schierlings-Wasserfenchel.

In einem 20-stündigen Prozess sickerte das Wasser einst durch Sand- und Kiesschichten. Überprüft wurde das Trinkwasser in der Gründerzeit-Villa, welche heute das Wassermuseum und das **Café Kaltehofe** ❹ unter ihrem Dach vereint. Ein Abstecher lohnt: Die **Stiftung Wasserkunst** ❺ bietet Naturerlebnistouren und Führungen durch das Areal.

Auf dem Kaltehofe Hauptdeich zwischen Norderelbe und Holzhafen, in dessen Süßwasserwatt Krickente und Brandgans schnattern, radeln wir schließlich weiter südwärts. Mit der Unterführung der A 1 geht der Weg in den **Moorfleeter Hauptdeich** über. Nach etwa 3 Kilometern erblicken wir die ersten Häuser Moorfleets und biegen an der T-Kreuzung rechts in den Tatenberger Weg ein, um die Dove-Elbe nahe der Tatenberger Schleuse zu überqueren. Sogleich zweigen wir wieder rechts ab und radeln mitten hinein ins **Spadenland**, einem der acht Stadtteile der Marschlande. Dem Ruschorter Hauptdeich, der später in den Spadenländer Hauptdeich übergeht, folgen wir für weitere 3,5 Kilometer. Wo anfangs noch kein Radweg besteht, macht es Spaß, ein Stückchen direkt auf der Krone des grasbewachsenen Deichs zu

*Jede fünfte in Deutschland verkaufte **Rose** stammt aus den Vier- und Marschlanden! Dank des fruchtbaren Bodens entwickelte sich hier seit dem 18. Jahrhundert sukzessive der Blumen-, Obst- und Gemüseanbau, welcher der Region zu Reichtum verhalf.*

Für die Seele

Von den Deichtorhallen bis in die Marschlande darf das Auge über viel glitzerndes Blau schweifen. Entlang der Elbarme erradeln wir Hamburgs „Gemüsegarten".

schieben (oder zu radeln), um den wohltuenden Panoramablick über die Ufer von Dove-Elbe und Norderelbe wirken zu lassen.

Bald sind die ersten, hier typischen Gewächshäuser in Sicht, in denen es grünt und blüht. Im Frühjahr sprießen vor allem Blumen, im Sommer und Herbst gedeihen Obst und Gemüse, von Kohlrabi bis Kürbis. Für Radler eine perfekte Gelegenheit, die Satteltaschen mit frischem Proviant zu füllen. Wir kehren ein auf dem Hof der sympathischen **Familie Rolffs** 6 am Spadenländer Hauptdeich 43. Körbe und Kisten voller frischer Produkte; honigsüß duftende Frühlingsblümchen zaubern schon im März viel Farbe auf den Hof der Rolffs.

Eingedeckt mit Vitaminen, folgen wir dem **Spadenländer Hauptdeich**, der uns in den angrenzenden Stadtteil Ochsenwerder bringt. Etappenweise liegt der Radweg hoch genug, um über den Deich zu spähen. In langen Kähnen transportieren Binnenschiffer Güter über den spiegelglatten Fluss, während sich im Norden manches Windrad am Westwind erfreut und die Landschaft mit Höfen und Gewächshäusern gespickt ist.

Entspannt nehmen wir Kurs auf den **Hohendeicher See** 7. Galant umschifft der Ochsenwerder Hauptdeich den Sport-Hafen Oortkaten zu unserer Rechten, bevor wir die Straße nach links überqueren und auf der festen Sandpiste direkt entlang des Seeufers weiterradeln. Es geht vorbei an Kiosken, Badebuchten, sogar an einer Surfschule. Hier, etwa auf der Hälfte unserer Tour, lässt sich wunderbar die Picknickdecke ausbreiten – im Sommer auch das Badehandtuch. Doch unweit lockt ein weiteres, verwunschenes Picknickplätz-

Thomas Rolffs vor seinem Hofladen

Sandbrack in Fünfhausen

chen. Hierzu fahren wir vom südlichen Ende des Sees den kurzen Overwerder Weg hinauf, um sogleich links in den **Warwischer Hinterdeich** abzubiegen. Dieser Deichstraße folgen wir für gut 1 Kilometer und fahren direkt hinter dem Dorfteich rechts in den Weg namens Durchdeich. Er führt geradewegs ins Zentrum des Dörfchens **Fünfhausen** und verläuft – nach einem Rechts-links-Manöver – ostwärts wieder hinaus.

Hier lockt jener idyllische Picknickplatz an einem mystisch wirkenden See, der sich bald links entlang des Durchdeichs auftut: der **Sandbrack**. Raschelndes Schilf, Bäume und Sträucher säumen seine Ufer, Seerosenfelder zieren das Gewässer. Und das Beste: Zahlreiche Angler-Holzstege ragen in den See hinein – Refugien, wie gemacht für eine Rast.

Auf Thermodecken schöpfen wir Stille, Kraft und Sonnenstrahlen, bevor es weiter nordwärts Richtung Reitbrook geht. Hierzu folgen wir dem Durchdeich für einen weiteren Kilometer, biegen links in die **Heinrich-Osterath-Straße** ab und bald – vorbei an **Bootsverleih**

Hornveilchen

*Ziel des **Tomatenretter e.V.** ist es, ein reiches Saatgutarchiv für naturbelassene Sorten zu erhalten. Statt fader gezüchteter Supermarkt-Sorten gedeihen hier etwa „Apricot Brandy Wine" oder die violette „Glossy Rose Blue". Öffnungszeiten erfragen.*

*Vom 30. Juni bis 6. November des Jahres ist die **NABU-Station Die Reit** besetzt und kann nach Anmeldung besichtigt werden. Vor allem der Vogelzug wird hier erforscht. Um wertvolle Daten zu erheben, werden Kleinvögel gefangen und beringt.*

paddel-meier 8 und zwei großen Gewächshäusern – rechts auf die Wulffsbrücke.

Die mäandrierende Gose-Elbe überquert, schwenken wir sofort links in den **Reitbrooker Hinterdeich**. Diesem folgen wir für etwa 2 Kilometer, vorbei an Gehöften und historischen Reetdachhäusern, die über hier typische Deichbrücken mit der Straße verbunden sind. Am Reitbrooker Hinterdeich 291 liegt Hamburgs **„Tomaten-Arche" des Tomatenretter e.V.** 9, ein Saatgutarchiv für Tomatensorten.

Der schier unendliche Panoramablick über Wiesen, Auen und Kanäle ist zugleich Seelen- und Augenschmaus. Nicht genug, stoßen wir bald auf ein weiteres Flora-Fauna-Habitat: das **Naturschutzgebiet Die Reit**. Seit 40 Jahren unterhält der NABU hier eine **Forschungsstation** 10.

Es quakt und zirpt im Birkenbruchwald, dessen Wege man theoretisch auch mit dem Rad durchfahren darf. Wir steigen jedoch ab und entscheiden uns für einen Spaziergang, bevor wir die Tour auf dem Reitbrooker Westerdeich fortsetzen. Von diesem geht es links in den **Reitdeich**. An der – hier sehr breiten – **Dove-Elbe** angelangt, rollen wir hinunter zum Ufer (am braunen Holzaussichtsturm) und genießen den Abstecher um die nördliche Spitze des Naturschutzgebietes. Die wunderbare Stille, das tiefe Blau der Dove- und Gose-Elbe, die hier zusammenfließen. Nach rechts (über den Reitdeich) die Schleuse der Gose-Elbe querend, zweigen wir an der T-Kreuzung rechts auf den Ochsenwerder Norderdeich ab. Wer Appetit verspürt, wird im **Landhaus Voigt** ⑪ fündig.

Der Dove-Elbe gleich mäandert die Straße, die später in den **Tatenberger Norderdeich** übergeht, durch die lieblich-dörflich geprägten Marschlande. Dabei passieren wir pittoreske Fachwerkhäuser, Höfe und den Jachthafen Tatenberg, bevor wir rechts – die Dove-Elbe querend – wieder dem Tatenberger Weg folgen. An der Gastwirtschaft **Zur Elbbrücke** zweigen wir links in den **Moorfleeter Deich** ein, unterqueren bald das

*Das **Landhaus Voigt** tischt – je nach Saison – typische Vierländer Gerichte auf: von Stint bis Scholle, von Spargel bis Grünkohl. Zur Kaffeezeit locken leckere Blechkuchen.*

Sportboothafen an der Dove-Elbe

Moorfleeter Deich am Holzhafen

Autobahndreieck Hamburg-Südost und schwenken mit einer sanften Rechtskurve in den **Moorfleeter Kirchenweg**. Der kleine Abstecher führt zur historischen Fachwerksaalkirche **St. Nikolai**. Ihr neugotischer Turm heißt uns schon aus der Ferne willkommen. Seit Jahrhunderten wacht er über das Örtchen.

Auf dem Weg **Sandwisch** verlassen wir die kleine Gemeinde wieder und stoßen bald auf den Moorfleeter Deich. Mit dem Wind im Rücken „fliegen" wir entlang des Holzhafens. Linker Hand erblicken wir die Wasser-Insel Kaltehofe – nun aus einer anderen Perspektive. Nach der Schiffswerft geht es rechts hinauf zur **Andreas-Meyer-Brücke** (Ring 2), die uns – nach links abgebogen – über den Moorfleeter Kanal führt. Den regen Autoverkehr lassen wir sogleich wieder hinter uns und fahren in die nach links abzweigende Ausschläger Allee, in deren Verlauf über die Tiefstacker Brücke, um direkt nach der Kanalüberquerung scharf links und mit herrlichem Schwung den **Ausschläger Elbdeich** hinabzurollen.

Die rund 1,5 Radkilometer entlang der Billwerder Bucht sind purer Genuss. Zugleich offenbart sich von hier der Moorfleeter Jachthafen am gegenüberliegenden Ufer der Elbinsel Kaltehofe. Schließlich stehen wir erneut am mächtigen Sperrwerk und radeln nun auf der bereits vertrauten Strecke gemütlich zurück Richtung Deichtorhallen. Für diese Etappe noch ein besonderer Tipp: Wie aus der Zeit gefallen mutet der **Erfrischungsraum** ⓬ mit Retrocharme in der alten **Großtankstelle Brandshof** an und lohnt einen Abstecher. Unter den Bahngleisen auf Höhe des Billhafens führt ein kleiner Weg direkt zu diesem denkmalgeschützten, restaurierten Schmuckstück aus den 50er-Jahren. Es ist GTÜ-Prüfstelle, Oldtimer-Treff und wartet mit leckeren Speisen (auch Frühstück) auf. Erfrischt aufgesattelt, geht es nun die letzten 1,5 Kilometer zurück auf Start ins urbane Hamburg.

Brandshofer Schleuse

St. Georg
Borgfelde
Sievekingsallee
Hamm
Horn
Schiffbeker Weg
Billstedt
Hammerbrook
Ring 2
Hafen-City
Rothenburgsort
Kleiner Grasbrook
Veddel
Billwerder Bucht
Billbrook
Norderelbe
Holzhafen
Moorfleet
Wilhelmsburg
Billwerder
Ruschorter Hauptdeich
Dove-Elbe
Tatenberg
Auenlandschaft Norderelbe
Ochsenwerder Landstraße
Tatenberger Deich
Moorfleeter Deich
Wasserpark Dove-Elbe
Allermöhe
Spadenland
Die Reit
Gose Elbe
Ochsenwerder
Reitbrook
Neuland
Ochsenwerder Norddeich
Sietwende
Süderelbe
Gauerter Hauptdeich
Ochsenwerder Landscheideweg
Elbe
Gut Moor
Bullenhausen
Fünfhausen
Hagolt
Overwerder Hauptdeich
Süderquerweg
Rönneburg
Over
Warwischer Hauptdeich

Alles auf einen Blick

WIE & WANN:
Überwiegend asphaltierte Radwege, nur kürzere Abschnitte mit Sand-/Schotterwegen. Ganzjährig gut befahrbar; bietet wenig Schatten.

HIN & WEG:
Auto: Parkplatz Deichtorhallen, Oberbaumbrücke 1, 20457 Hamburg (GPS: 53.546695, 10.005314)
ÖPNV: Bahn-, S- und U-Bahn-Station Hauptbahnhof (Aufzüge vorhanden) sowie U-Bahn Steinstraße, mit Aufzug

ESSEN & ENTSPANNEN:
Entenwerder1 ❷ Entenwerder 1, 20539 Hamburg, Tel. (0 40) 70 29 35 88, www.entenwerder.com
Café Kaltehofe ❹ Kaltehofe Hauptdeich 6–7, 20539 Hamburg, Tel. (0 40) 7 88 84 99 92, www.wasserkunst-hamburg.de/cafekaltehofe

Entspannung ✱✱✱✱✱
Genuss ✱✱✱✱
Romantik ✱✱✱

Landhaus Voigt ⓫ Ochsenwerder Norderdeich 113, 21037 Hamburg, Tel. (0 40) 7 37 24 40, www.landhaus-voigt.de
Erfrischungsraum Großtankstelle Brandshof ⓬ Billhorner Röhrendamm 4, 20539 Hamburg, Tel. (0 40) 78 25 64, www.tankstelle-brandshof.de

ENTDECKEN & ERLEBEN:
Deichtorhallen Hamburg ❶
Sperrwerk Billwerder Bucht ❸
Wasserkunst Elbinsel Kaltehofe ❺ www.wasserkunst-hamburg.de
Familie Rolffs Hofladen ❻ Spadenländer Hauptdeich 43, 21037 Hamburg, Tel. (0 40) 73 74 83 03
Hohendeicher See ❼
paddel-meier Bootsvermietung ❽ Heinrich-Osterath-Straße 256, 21037 Hamburg, Tel. (0 40) 7 37 22 70, www.paddel-meier.de
Tomatenretter e. V. ❾ www.tomatenretter.de
NABU-Forschungsstation Die Reit ❿

- 36 Kilometer
- 370 Höhenmeter
- 4 Stunden
- Rundtour

Pfad im Klövensteen

Kaum aus der **S-Bahn-Station Wedel** geschoben, überqueren wir die Bahnhofstraße Richtung Mühlenstraße und biegen an der weißen Villa Wedel rechts in den zunächst schmalen **Auweidenweg** ein. Schon auf den ersten Metern lassen wir Hektik und Motorengeräusche hinter uns. 1,5 Kilometer radeln wir unter alten Eichen entlang grüner Pferdekoppeln – in Vorfreude auf ein besonders schönes Wald- und Moorgebiet: den **Klövensteen**.

Am Radwegweiser Richtung Pinneberg und Appen, begleitet vom Symbol eines Hirschkopfes, verlassen wir den Auweidenweg nach links. Wir überqueren die Wedeler Au und steuern das südliche Ende des Waldgebiets an. Nach rund 450 Metern, an der **Infotafel „Autal"**, nehmen wir eine scharfe Rechtskurve und rollen auf einem schmalen Waldrandweg rund 600 Meter weiter geradeaus, vorbei an Grün und Gräsern der Auweiden. Zwei Holzbänke, ein alter Baumstumpf sowie ein gegenüberliegendes Gatter markieren schließlich die Abzweigung, die uns linker Hand direkt in den Wald führt. Am Ende des Weges folgen wir rechts dem **Egenbüttelweg** für einen halben Kilometer. Welch Wohltat! Wir atmen den würzigen Duft des Mischwaldes ein und spitzen die Ohren, um dem rauschenden Blättermeer zu lauschen.

Angekommen an der nächsten Sternkreuzung, geht es links auf den asphaltierten Sandmoorweg, der uns zu einem ersten Highlight geleitet: zum **Wildgehege**

Traumpfade

Klövensteen, Dünen & Elbpanorama

*Das **Wildgehege Klövensteen** vermittelt wertvolles Wissen über die heimische Tier- und Pflanzenwelt und erhielt für seine umweltpädagogische Arbeit 2018 vom Deutschen Wildgehege-Verband e. V. sogar die Zertifizierung „Tiergarten mit Bildungssiegel".*

Klövensteen 1. Das Hirschsymbol auf den Wegweisern erwacht hier zum Leben. Dam- und Sikawild liefern sich kleine Kämpfe und röhren um die Wette. Wildschweine erkunden schnüffelnd den Waldboden, sogar Eulen sind in der Uhu-Voliere zu bestaunen – sofern sie sich dem Besucher zeigen.

Wer sich sattgesehen hat, radelt zurück zur Sternkreuzung und biegt scharf links auf den Sandpfad mitten in das Waldstück ein, vorbei an einem runden Hinweisschild „Erholungswald“. Er führt bis zum verwunschenen **Großen Fischteich**, in dem sich das Blätterdach spiegelt. Für einen Moment lassen wir uns auf eine Holzbank sinken und tauchen ein in die Stille und Schönheit dieses Fleckchens.

Dann verlassen wir den Waldabschnitt nach Osten und stoßen auf die Straße **Rüdigerau**. Links abgebogen, folgen wir der Strecke in nördliche Richtung, bis wir an eine T-Kreuzung gelangen. Nun breitet sich vor uns das geheimnisvolle **Schnaakenmoor** aus. Das Zuhause von Moorfrosch und Ringelnatter begleitet uns linker Hand, nachdem wir rechts auf den Pfad abgebogen sind, der das Naturschutzgebiet südlich flankiert.

Parallel zum Rad- und Wanderweg führt einer der zahlreichen Reitwege, die samt Pferd und Reiter immer wieder unsere Wege kreuzen. Es folgt eine weitere Sternkreuzung, an der wir im 45-Grad-Winkel scharf links auf den Weg Schnaakenmoor lenken. Zahllose Kiefern und Birken legen ihre langen Schatten auf den verträumten Pfad. Das mystisch anmutende, rund 100 Hektar große Schnaakenmoor wurde bereits 1979 für Renaturierungsmaßnahmen unter Naturschutz gestellt. Heute überziehen unter anderem Torfmoose und Glockenheide das besondere Biotop. Es ist Kiebitz-Nistplatz sowie Heimat der Feuerlibelle.

Bei der nächsten (und ersten) Möglichkeit schwenken wir rechts in den schnurgeraden **Feldweg 88**, genießen die Ausblicke auf Moor und Ponyweiden, um anschließend rechts dem Babenwischenweg zu folgen. Über die nahe Kreuzung hinweg – vorbei an Findling (Aufschrift: Op de Wege) und Infotafel – bis wir die Gastwirtschaft **Pony-Waldschänke** **2** erreichen.

Wer mag, kann hier – dem Ponyduft folgend – auch den flauschigen Vierbeinern einen Besuch abstatten. Der Pony-Waldschänke angeschlossen ist nämlich zum Glück mitradelnder Kinder auch ein

Für die Seele

Wo Wald und Wiesen auf Elbdeich und Dünen treffen, radeln wir seelenvergnügt durch Hamburgs „wilden Westen".

Ponyhof

echter Ponyhof. Gleich nördlich der Pony-Waldschänke biegen wir rechts vom Babenwischenweg in den **Feldweg 90** ein und folgen diesem bis zum nächsten Waldstück. Links, am runden Hinweisschild zum Naherholungsgebiet, fahren wir – an einem Schlagbaum – in einen gut zu befahrenden Waldweg. Wir folgen diesem stets entlang des Waldrandes (teils gibt es mehrere Optionen) für rund 2 Kilometer, bis er an einer T-Kreuzung in den **Försterstieg** mündet.

Nach rechts abgebogen, geht es jetzt einen halben Kilometer geradeaus (hier verläuft die Grenze zu Schleswig-Holstein). Bald ist linker Hand ein **Reitweg** ausgeschildert, neben dem ein Trampelpfad verläuft. Diesem folgen wir bis zur nächsten Weggabelung. Dort fahren wir auf dem Buttermoorweg durch das gleichnamige Naturschutzgebiet, auch **Butterbargsmoor**

Klövensteen

genannt. Waldeidechsen und Blindschleichen züngeln durchs Gras, sogar Kraniche nisten hier. Wir radeln auf einer zweispurigen Sand- und Schotterpiste, die später in einen Plattenweg übergeht. Aus dem Buttermoor kommend, radeln wir links in die **Pinneberger Straße**, doch biegen bereits bei nächster Gelegenheit rechts in eine Nebenstraße. Auf diesem Weg passieren wir einen großen Pferdehof. Schnaubend trotten die Vierbeiner durchs Gelände und laben sich am Weidegras.

Bald finden wir uns am östlichen Eingang zum außergewöhnlichsten Naturerlebnis dieser Tour wieder: den **Holmer Sandbergen** ❸. Seit die Gemeinde 2005 begann, einige Waldflächen zu roden, kamen eiszeitliche Dünen zum Vorschein. Sie stammen vom Dünengürtel des Elbeurstromtals. Wegen des ewig störenden Flugsandes forsteten Landwirte vor rund 100 Jahren diese Flächen auf.

In den Sandbergen lohnt eine Erkundungstour – mit oder ohne Fahrrad. Besonders beeindruckend ist

das östlichste Dünenfeld, welches wir zuerst erreichen. Knorrige, solitäre Kiefern prägen das goldgelbe, hügelige Gelände; es versprüht einen Hauch französischer Atlantikküste. Hier, im größten Binnendünengebiet Schleswig-Holsteins, scheint die Metropole Hamburg Hunderte Kilometer entfernt.

Wer ab der benannten, ersten Kreuzung geradeaus weiterradelt (markiert mit Route 2 und 3 durch die Holmer Sandberge), lenkt leicht rechts in den Katastrophenweg, welcher die drei großen Dünenareale südlich flankiert. Wir genießen den Duft des Kiefernwaldes, lassen das Auge über die einzigartige Landschaft wandern. Es ist ein herrlich erholsamer Ort, den man nur ungern verlässt.

Wer einen Blick auf die Reitanlage Holm werfen möchte, biegt am westlichen Ende der Sandberge (hinter dem Parkplatz) auf den Weg In der Heide ab. Kurz darauf geht es nun links auf dem Pfad Im Sande weiter, bis wir erneut links auf die Hauptstraße (im Verlauf Wedeler Straße, B 431) einbiegen. Ahoi Holm. Der **Radweg der Bundesstraße 431** bahnt uns den Weg zum nächsten Ziel: Es lockt der Elbdeich mit zahllosen lebenden Wollknäueln!

Bereits nach 1 Kilometer verlassen wir die 431 und zweigen rechter Hand in den **Sauernbeeksweg** ab – eine wunderbare, offene Passage durch Wiesen und Auen. Doch Moment – bevor es weitergeht, nutzen wir die Gelegenheit und suchen uns noch unser Abendessen aus: Auf dem Feld gegenüber des Sauernbeeksweges häufen sich im Herbst leuchtend orange Kürbisse zum freien Verkauf. Gezahlt wird in die Kasse des Vertrauens. In den Sommermonaten wiederum bietet ein

Landwirt hier Dahlien, Gladiolen und Sonnenblumen zum Selberschneiden an.

Auf den kommenden Kilometern des Sauernbeekswegs lassen wir uns die frische Brise der Elbmarsch um die Nase wehen, radeln vorbei am **Forellenparadies** und einem Pferdegestüt, von wo der Weg nach einer scharfen Rechtskurve unter dem Namen **Idenburg** weiter verläuft. Der Landwirtschaftsweg führt über die Au Bullenfluß bis kurz vor die Tore des Dorfes Hetlingen. Dort radeln wir nach einer scharfen Linkskurve schnurstracks auf die Elbe zu. Allerdings nur fast, denn kurz zuvor (vor dem Klärwerk) halten wir uns rechts und rollen für rund 2 Kilometer auf der Hetlinger Schanze, um uns einem verdienten Verwöhnprogramm zu nähern: dem **Café Hetlinger Schanze** ④. Die

Radweg am Elbdeich

sanfte Sonne blinzelt durch die Hecken des Gartencafés und taucht die Terrasse in goldenes Licht.

Rundum glücklich wollen wir endlich – über den **Deich** hinweg geschoben – einen Blick auf das endlose Elbpanorama erhaschen. Wollweiße, blökende Vierbeiner begrüßen uns auf der grünen, schützenden Erhebung, der wir nun für knapp 8 Kilometer zurück Richtung Wedel folgen. Mal auf der Wasser-, mal auf der Marschseite – und manchmal mittendrauf. Auch wenn sich das berühmt berüchtigte „Hamburger Grau" gerade am Himmel ausbreitet: Das herrliche 360-Grad-Panorama entschädigt mit Marsch und Elbe und einem großen Himmel, unter dem riesige Container-Pötte flussauf- und flussabwärts pflügen. Wir beschließen, mit einem Koloss um die Wette zu radeln – und schaffen es.

Vorbei an Sperrwerk, Yachthafen und dem **28Grad Strandbad** 5, biegen wir – zurück in Wedel – rechts in die Schulauer Straße ein und folgen dieser bis zum **Schulauer Fährhaus** 6, der legendären Schiffsbegrü-

!

Wer die Tour in der Sommersaison fährt, kann sie in der ***28Grad Strandbar*** *bei einem Sundowner ausklingen lassen. An dieser herrlichen Elbstrandbucht heißt es: Füße in den Sand und entspannt der Tour nachspüren.*

ßungsanlage. Hier dürfen wir unseren schwimmenden Wegbegleiter nun aus nächster Nähe bewundern. Seit 1952 werden hier, am Wedeler **Willkomm Höft 7**, tagtäglich einlaufende Containerschiffe aus aller Welt von Begrüßungskapitänen mit ihrer Nationalhymne empfangen – und später wieder verabschiedet. Kaum verstummt die eine, ertönt bereits die nächste Hymne. Täglich passieren rund 50 Containerriesen das Willkomm Höft. Über 150 Nationalhymnen wurden zu Beginn eingespielt. An kaum einem anderen Ort der Hansestadt spürt man so eindrücklich, weshalb Hamburg den Beinamen „Tor zur Welt“ trägt.

Schließlich ist es Zeit aufzubrechen. Wir radeln bergauf und biegen rechts in die **Parnaßstraße** ein, um gleich darauf links den **Rollberg** weiter hinaufzufahren. Dieser geht später in die Bahnhofstraße über und führt geradewegs zurück zur S-Bahn-Station. Wer noch Lust auf Kunst und Kultur zum Abschluss hat, findet nur einen Steinwurf entfernt in der Mühlenstraße 1 das **Ernst Barlach Museum Wedel 8**.

*Kunst- und Kulturfreunde kommen im **Ernst Barlach Museum Wedel** auf ihre Kosten. Dort erwarten Besucher eine international beachtete Kunstsammlung und wechselnde, spannende Ausstellungen.*

Schiffsbegrüßungsanlage Willkomm-Höft

Holm
Hetlingen
Lehmweg
Im Sande
Eggenkamp
Buttermoor/
Butterbargsmoor
Klövensteen
Buttermoorweg
Butterbargsmoorweg
L 261
Haseldorfer Binnenelbe
Hetlinger Schanze
Idenburg
Sauenbeeksweg
Pinneberger Straße
431
Sandmoorweg
Schnaaken-
moor
Wespenstieg
Moorwegsiedlung
Wedeler Marsch
Marienhof
Rüdigerau
Klövensteenweg
Hetlinger Binnenelbe
Lülanden
Autal
Wedeler Au
Rissen
Altstadt
Elbe
Wedeler Au
Schulau Ost
Mechelnbusch
Schulau West
Tinsdaler Weg
L 140
Grünendeich
Rollberg
Wedel
Elbhochufer

Alles auf einen Blick

WIE & WANN:
Teils Asphalt, teils Plattenwege; im Wald und in den Holmer Sandbergen befestigte Waldwege. Bei trockenem Wetter ganzjährig gut zu fahren.

HIN & WEG:
Auto: Parkplatz an der S-Bahn Wedel, Bahnhofstraße 1, 22880 Wedel (GPS: 53.582217, 9.705128)
ÖPNV: S-Bahn-Station Wedel, ebenerdiger Ausgang

ESSEN & ENTSPANNEN:
Pony-Waldschänke ❷ Babenwischenweg 28, 22559 Hamburg, Tel. (01 72) 4 69 59 33, www.jorrit-hanke.de
Café Hetlinger Schanze ❹ Hetlinger Schanze 3, 25491 Hetlingen, Tel. (0 41 03) 22 14 (geöffnet 01.05.–01.10.)

Entspannung ★★★★★
Genuss ★★★★★
Romantik ★★★☆☆

28Grad Strandbad Wedel ❺ Hakendamm 2, 22880 Wedel, Tel. (0 40) 2 28 58 48 20, www.28grad.com
Das NEUE Schulauer Fährhaus ❻ Parnaßstraße 29, 22880 Wedel, Tel. (0 41 03) 9 20 00, www.schulauer-faehrhaus.de

ENTDECKEN & ERLEBEN:
Wildgehege und Waldschule Klövensteen ❶
Holmer Sandberge ❸
Willkomm Höft Schiffsbegrüßungsanlage ❼
Ernst Barlach Museum Wedel ❽ Mühlenstraße 1, 22880 Hamburg, Tel. (0 41 03) 91 82 91, www.ernst-barlach.de

- 51 Kilometer
- 217 Höhenmeter
- 6 Stunden
- Rundtour

Obstparadies Schuback

Blütenzauber

Ab Buxtehude durchs Alte Land

Unsere Landpartie beginnt an der **Bike-Station-Buxtehude**, unweit der S-Bahn-Station. Vom Hinterhof des Radverleihs startend, biegen wir rechts in die Ferdinandstraße und nehmen die zweite Einfahrt links in die Martinstraße, auf der wir geradeaus – über eine kleine Brücke hinweg – die Este überqueren und direkt scharf links in den Fuß- und Radweg entlang des Flusses Richtung Altstadt abbiegen. Nach rund 800 Metern führt der Weg von der Este hinauf zur Poststraße, über die hinweg man auf die Bleicherstraße gelangt. Diese verläuft entlang des **Westvivers** („Viver" stammt aus dem Niederländischen und bedeutet Weiher) und trifft bald auf die Bahnhofstraße, in die wir nach rechts einbiegen. Um noch einen Blick auf den verträumten Westviver zu erhaschen, schwenken wir nach links in die Stichstraße Am Geesttor. An ihrem Ende spannen sich einladend die Sonnenschirme des idyllisch gelegenen Frühstücks- und **Eiscafés Entlein** ❶ auf.

Hinter dem Gebäude führt ein schmaler Weg direkt am Kanal entlang auf das Hotel zur Mühle an der Ritterstraße zu. An diesem Punkt geht es rechts auf die Straße Ostfleth in den wohl zauberhaftesten Teil der Buxtehuder Altstadt. Am 350 Meter langen **Fleth** reihen sich bildschöne, historische Buntstein-Fachwerkfassaden auf. Der grachtenähnliche, historische Kanal erinnert daran, weshalb Buxtehude sich 2014 den Beinamen „Hansestadt" zurückerobert hat. Damals vor allem für den Getreidehandel bekannt, steht

Lena vor dem Café PomPom

Backwerk hier auch heute hoch im Kurs: etwa im kunterbunten **Café PomPom** ❷ an der parallel verlaufenden Straße Westfleth. Auch wenn es auf den nächsten Kilometern an Einkehrmöglichkeiten nicht mangelt, sind die pastellfarbenen Cupcakes und Donuts ein wahrer Augen- und Gaumenschmaus. Ein Tipp: Wer früh startet, kann hier ein fabelhaftes Frühstück genießen.

Die Straße Westfleth führt direkt auf einen Kreisel zu, in dessen Mitte eine 8 Meter lange Hansekogge an die Geschichte der Stadt erinnert. Wir nehmen die dritte Ausfahrt in den Schützenhofweg, der bald in **Westmoor** übergeht. Nach gut 1 Kilometer zweigen wir rechts in die zweite gleichnamige Einfahrt ab. Diese führt vorbei an Höfen, entlang an Moorwiesen und einem Birkenhain. An der T-Kreuzung geht es nach rechts geradewegs auf die (im Bau befindliche) A 26 zu. Vor dieser Trasse biegen wir links ab, um die A 26 über die jetzt vor uns liegende Autobahnbrücke zu überqueren. Mit Schwung lassen wir uns nun direkt in Hamburgs Obstgarten hinabrollen.

Dem Osterladekoper Minnerweg ins gleichnamige Dorf **Oster Ladekop** folgend, geht es mitten durch die

Obstfelder. Im Frühjahr lugen aus den Blüten der Apfelbäumchen, die sich schnurgerade aufreihen, bereits erste rosafarbene „Mausohren" heraus. So werden die noch nicht ganz entfalteten Knospen genannt. Rechter Hand recken sich die stets etwas früher blühenden Süßkirschen in prächtig weißer Vollblüte gen Himmel. Die Saison der surrenden, fleißigen Helfer hat bereits begonnen. Nur mithilfe mehrerer Tausend Bienenvölker ist es möglich, das Blütenmeer der rund 17 Millionen Altländer Obstbäume zu bestäuben.

Weiter durch die weiß-grüne Pracht geradelt, trifft der schnurgerade Landwirtschaftsweg auf die Dorfstraße Osterladekop. Links abgebogen, präsentiert sich auf den folgenden 1,5 Kilometern stolz das lang

Der Ausdruck ***„fleißige Biene"*** *kommt nicht von ungefähr. Was diese Insekten leisten, ist enorm: Ein einziges Gramm Honig erfordert zwischen 8000 und 10.000 Blütenbesuche! Im Alten Land summt und brummt es allerorten.*

Für die Seele

Die Route durch Nordeuropas größtes Obstanbaugebiet verspricht eine verführerische Auszeit. Mit Genuss im Gepäck radeln wir durch Marschhufendörfer.

Auf Westmoor von Buxtehude Richtung Oster Ladekop

*Im Gräfenhof hängt die Abschrift des Hochzeits-Eintrags eines großen Literaten: **Gotthold Ephraim Lessing**. Im Jahr 1776 heiratete er in Jork Eva Catharina König. Um den Dichter zu würdigen, finden seit 30 Jahren alljährlich die „Lessing-Gespräche" statt.*

gestreckte Marschhufendorf. Wie Perlen an einer Kette reihen sich historische Häuser und Höfe mit liebevoll restaurierten Fachwerkfassaden aneinander.

An der nächsten Kreuzung führt die Route nach rechts auf den Weg Jorkerfelde; schon bald ist das Ortsschild des Bilderbuchdorfes **Jork** erreicht. Die Jorker Hauptwettern (Wettern werden die typischen Entwässerungskanäle genannt) rechts überquerend, folgen wir schiebend dem Arp-Schnitger-Weg rund um die **Kirche St. Matthias**. Von dort gelangt man über die Bürgerei mit ihren reich verzierten Fachwerkhäusern auf die Straße Osterjork. Hier thront das Jorker Rathaus. Erbaut wurde das als **Gräfenhof** ❸ bekannte Gebäude Mitte des 17. Jahrhunderts. Prächtige Magnolien rahmen das Marschhaus. Sein geometrisch angelegter Garten ist gespickt mit einladenden weißen Altländer Hochzeitsbänken, denn der Gräfenhof ist ein beliebter Ort für verliebte „Ja-Sager".

Gräfenhof in Jork

Prunkpforte am Museum Altes Land

Mit dem Gräfenhof im Rücken geht es von hier über den Kreisel hinweg weiter auf dem Radweg entlang der Straße **Westerjork** zu den nächsten Tourenhighlights. Der Nachbau einer weißen, mit Schnitzereien verzierten Prunkpforte markiert die Hofeinfahrt zum spannenden **Museum Altes Land** ④ – untergebracht in einem urtypischen Fachhallenhaus. Museumsartefakte erzählen von Sturmfluten und Werften, von Landwirtschaft und Postkutschen, von Trachten und Tante Rosas Kolonialwarenladen.

Weiter auf Westerjork geradelt, lohnt nun der Blick hinter die Fassaden der Hausnummer 81: Wer in **Schubacks Obstparadies** ⑤ einen Picknickkorb vorbestellt, darf sich samt reich bestücktem Bollerwagen im romantischen Garten unter blühenden Kirschbäumen eine gemütliche Pause gönnen und köstliche lokale Leckereien schlemmen.

Hinter dem „Picknickparadiesgarten" führt eine Sandpiste durch die Apfelfelder auf den Westermin-

> *Interessierte können sich im Obstparadies Schuback eine Apfeldiplom-Urkunde erarbeiten. Im zweistündigen* ***Apfeldiplom-Kurs*** *samt „Diekpedder" (¼ Obstbrand, ¾ Apfelsaft) erfährt man Wissenswertes über Sorten, Anbau und Lagerung. Natürlich mit Verkostung.*

Vor der Tour lohnt der Blick aufs ***„Blütenbarometer"*** *(gleichnamige Webseite). Es informiert täglich darüber, wie weit die Blüte von Apfel- und Kirschbäumen im Alten Land bereits gediehen ist.*

nerweg. In diesen Landwirtschaftsweg biegen wir rechts ein, radeln mitten durch die Obstparzellen und stoßen nach nur 500 Metern auf die asphaltierte Straße Hinterdeich. Hier zweigen wir links ab und rollen bereits wenige Meter später rechts in die Hofeinfahrt des **Obsthofs Axel Schuback** 6. Dieser Nachname, verrät Apfelbauer Schuback, sei im Alten Land so verbreitet wie Müller oder Meier. Seit 2004 bietet Schuback auf seinem Hof Apfelpatenschaften an. Ob Jonagold oder Roter Boskoop, Elstar oder Cox Orange – stolze Baumpaten können „ihren" Baum ganzjährig besuchen und seine Früchte zum großen Erntefest im Herbst selbst pflücken.

Nach einem geführten Rundgang und mit knackigen Äpfeln aus dem Hofladen machen wir uns von hier auf in Richtung Waterkant. Dazu geht es zunächst links zurück auf den Hinterdeich, am Kreisel über die dritte Ausfahrt links auf die Dorfstraße Richtung Mittelnkirchen. Am **Lühedeich** angelangt, schwenken wir rechts in die Dorfstraße. Besonders schöne Ausblicke hat man auf dem folgenden Stück direkt von der Deichkrone, auf der es sich streckenweise zu schieben lohnt. Die Deichstraße mäandert rund 4 Kilometer entlang des Flusses Lühe. Sie führt durch die zauberhaften Altländer Marschhufendörfer Guderhandviertel und Steinkirchen und vorbei am **Biohof Ottilie** 7. An der historischen **Hogendiekbrücke** 8 geht es weiter auf der Straße namens Ort.

Dieser Weg mündet in die Straße Höhen. An der nächsten Kreuzung biegen wir links ab

und folgen Höhen entlang des **Lühedeichs**. Bei nächster Gelegenheit halten wir uns links, queren den Fluss und fahren sogleich rechts auf den Weg, der Lühedeich heißt. Mit seelenweitender Aussicht über Fluss und Felder radeln wir nun mitten auf der Deichkrone auf die Fährstraße zu. Rechts abgebogen, führt diese geradewegs zum **Lühe Fähranleger** ⑨.

Hunderte Radler, Biker und Shipspotter genießen hier an freien Tagen die Sonne und die Auszeit am Elbstrom. Besucher schlemmen sich durch die mobilen Buden der „Futtermeile" – samt Fischfrikadelle, Pommes & Co. – oder genießen ein Getränk am **Imbiss Wellenreiter** ⑩.

Erfrischt und gestärkt treten wir bald wieder in die Pedale und folgen dem herrlichen Radweg zwischen Deich und Elbe, vorbei am **Neuenschleuse Yachthafen**, für rund 5 Kilometer ostwärts. Vor der Borsteler Binnenelbe endet der Radweg. Über den Deich hinweg fahren wir über den Weg Am Elbdeich auf die gleichnamige Hauptstraße, biegen links in sie ein und erreichen bald den **Borsteler Hafen**. Hier überrascht eine umfunktionierte, riesige Apfelkiste. Wir nehmen in

!

*Die **Hogendiekbrücke** gilt als ein Wahrzeichen des Alten Landes. Die Fußgängerbrücke führt über die Lühe und wurde 1975 nach dem Vorbild der holländischen Klappbrücke errichtet. Heute ist der romantische Ort mit Liebesschlössern behangen.*

Blick von Cranz auf Blankenese

ihr Platz und lauschen den **Geschichten aus der Apfelkiste ⓫**, ein kreatives Projekt des Tourismusvereins.

Schließlich folgen wir der Straße, die **Mühle Jork** passierend, für weitere 4 Kilometer. Bei Hinterbrack gelangen wir zurück auf den Radweg zwischen Deich und Elbe – und radeln die restlichen 3 Kilometer auf unser nächstes Tourenziel zu: die **Aussichtsplattform in Cranz**. Sie gibt den wohl schönsten Blick auf Hamburgs Schmuckkästchen Blankenese am nördlichen Elbufer preis. Perlweiß und pittoresk liegt Hamburgs mondäner Vorort mit seinem labyrinthischen Treppenviertel nun vor uns. (In den Sommermonaten besteht hier eine Fährverbindung, sodass die Tour auch hier starten kann.)

In Cranz lässt sich herrlich Energie für die letzte Etappe tanken. Für diese lassen wir uns den Cranzer Hauptdeich zurück gen Westen hinunterrollen, um bald links in den Weg Estedeich abzuzweigen. An genau jenem Fluss, der Este, mäandert die Route (die im Verlauf wechselnde Straßennamen tragen wird) zurück nach Buxtehude. Genussvoll geht es durch die

Gemeinde **Königreich** und ihr fruchtbares, weites Marschland. Auf dem Abschnitt der Königreicher Straße passieren wir den legendären **Harmshof** ⑫ samt Hofcafé. Der Harmshof war Drehort der Verfilmung des Bestsellers *Altes Land* von Dörte Hansen. Viele Bereiche der mittelalterlichen Hofanlage samt Zweiständerfachhallenhaus stehen unter Denkmalschutz. Neben Kaffee und Kuchen lässt sich hier Geschichte genießen.

Nach einem guten Kilometer zweigen wir an einer (verhältnismäßig großen) Kreuzung links in den Obstmarschenweg, radeln über die Este-Brücke, um dem Flüsschen nun auf der noch charmanteren östlichen Seite weiter Richtung Buxtehude zu folgen. Die frische Landluft, die Blütenpracht, die Ruhe und Schönheit der gepflegten Höfe und Gärten machen auch die letzten Kilometer auf dem Weg **Klein Hove** (im weiteren Verlauf Moorende und Moorender Straße) entlang des Deichs (oder mitten drauf) zu einer Genusstour.

St.-Petri-Platz in Buxtehude

Schon bald ist die Kirchturmspitze der **Kirche St. Petri** in Sicht. Vom **Buxtehuder Hafen** flanieren wir, vorbei am St.-Petri-Platz – geschmückt durch den Brunnen und die Fachwerkfassade des **Buxtehude Museums** ⑬ – rund 500 Meter durch die schmucke Fußgängerzone Lange Straße. In ihrer Verlängerung, der Bahnhofstraße, ist bald die Bike-Station an der Hauptstraße erreicht (ein Tunnel unterquert die Gleise). Am Bahnhof wartet bereits die S-Bahn zurück nach Hamburg. Welch herrliche Auszeit!

Wedel
Elbhochufer
Blankenese
Nienstedten
431
Elbe
Elbe
Naturschutzgebiet Neßsand
Mühlenberger Loch
Finken-werder
Grünendeich
Steinkirchen
Dollerner Straße
Mittelnkirchen
Guderhandviertel
Dollern
K 38
Borstel
K 39
Cranz
Königreich
Jork
L 140
K 36
Lühe
Neuenkirchen
Neuenfelder Straße
Hove
Neuenfelde
Ladekop
26
Horneburg
Estebrügge
L 235
Bullenbruch
Este
K 83
Rübke
Dammhausen
K 51
K 39
Bliedersdorf
Nottensdorf
Neukloster
3N
Buxtehude
Harburger Straße
Naturschutzgebiet Moore bei Buxtehude
Neukloster Forst
73
Neu Wulmstorf
73
K 60
1
2
3
4
5
6
7
8
9
10
11
12
13
P

Alles auf einen Blick

WIE & WANN:
Überwiegend asphaltierte Straßen und zu großen Teilen Radwege. Ganzjährig befahrbar, am schönsten zwischen Frühjahr und Spätsommer (Blüte und Ernte).

HIN & WEG:
Auto: P + R Buxtehude P1, Am Bundesbahnhof, 21614 Buxtehude (GPS: 53.472063, 9.687793)
ÖPNV: S-Bahn oder Regionalbahn nach/ab Buxtehude, Aufzug vorhanden

ESSEN & ENTSPANNEN:
Café Entlein ❶ Am Geesttor 22, 21614 Buxtehude, Tel. (0 41 61) 50 21 72, entlein-buxtehude.de
Café PomPom ❷ Westfleth 23, 21614 Buxtehude, Tel. (0 41 61) 8 65 30 93, www.cafepompom.de
Schubacks Obstparadies ❺ Westerjork 81, 21635 Jork, Tel. (0 41 62) 3 70, www.obstparadies-jork.de

Entspannung ✱✱✱✱✱
Genuss ✱✱✱✱✱
Romantik ✱✱✱✱✱

Biohof Ottilie mit Hofcafé ❼ Ort 19, 21720 Mittelnkirchen, Tel. (0 41 42) 81 26 34, www.biohof-ottilie.de
Imbiss Wellenreiter ❿ Lühe-Ponton (auf der Elbe), 21720 Grünendeich, www.wellenreiter-elbe.de
Café Harmshof ⓬ Königreicher Straße 88, 21635 Jork, Tel. (0 41 62) 4 35, www.harmshof-koenigreich.de

ENTDECKEN & ERLEBEN:
Gräfenhof/Rathaus Jork ❸ **Museum Altes Land** ❹ Westerjork 49, 21635 Jork, Tel. (0 41 62) 95 69 oder 57 15, museum-altesland.jork.de **Apfelpatenhof Axel Schuback** ❻ Hinterdeich 172, 21635 Jork, Tel. (0 41 62) 91 11 05, www.apfelpatenhof.de **Hogendiekbrücke** ❽ **Lühe Fähranleger** ❾ **Geschichten aus der Apfelkiste – Borsteler Hafen** ⓫ **Buxtehude Museum für Regionalgeschichte und Kunst** ⓭ St.-Petri-Platz 11, 21614 Buxtehude, Tel. (0 41 61) 50 79 70, buxtehudemuseum.de

* 35 Kilometer
* 247 Höhenmeter
* 4 Stunden
* Strecke

Elbphilharmonie

Mit der **S-Bahn-Station Harburg Rathaus** (Ausgang Neue Straße) im Rücken radeln wir die Neue Straße hinab. An ihrem Ende, auf Höhe eines pittoresken Fachwerkgebäudes in der Lämmertwiete, bringt uns eine Unterführung sicher auf die andere Straßenseite. Dort fahren wir rechts, um sogleich linker Hand – hier ist die Schlossinsel bereits ausgeschildert – in die Harburger Schlossstraße einzubiegen. An ihrem Ende geht es erneut links; über den Kanalplatz queren wir den Kaufhauskanal, passieren das einladende Kulturzentrum **Fischhalle Harburg** ❶, um bei nächster Gelegenheit rechts in die Blohmstraße abzuzweigen. Über die Lotsebrücke erreichen wir den Dampfschiffsweg, den wir keine 100 Meter später – rechts abgebogen – für die Zi-

Häfen & Horizonte

Von Harburg in die HafenCity

tadellenstraße verlassen. Diese führt auf die **Harburger Schlossinsel**, welche wir ohne feste Route radelnd erkunden. Reste des jahrhundertealten Harburger Schlosses, gepaart mit exklusiven Marina-Neubauten, Schiffsanlegern und einer Werft machen die Insel im Harburger Binnenhafen zu einer maritimen Stadtoase.

Zurück über die bereits bekannte Zitadellenstraße folgen wir dem Dampfschiffsweg weiter nordwärts. Nach einem halben Kilometer, auf Höhe des **Harburger Fährhauses „Bei Rosi"** ❷, führt die Straße in einem U-förmigen Bogen um das Gelände des Überwinterungshafens. An der nächsten Weggabelung halten wir uns links, um dem Harburger Hauptdeich zu folgen. (Wer zuvor noch die Stichstraße Richtung

Harburger Fährhaus

Wasserschutzpolizei hinunterfährt, kann einen schönen Blick auf den Hafen erhaschen.)

Weiter entlang des Harburger Hauptdeichs, der einen Panoramablick über die Süderelbe beschert, gelangen wir bald an die **Harburger Hafenschleuse** ❸. Sie lässt sich trotz der Stufen dank einer schmalen Radrampe leicht überqueren, und es tut gut, hier eine Weile innezuhalten, um den Ausblick zu genießen. Auf der anderen Seite angelangt, fahren wir linksherum in die kurze Stichstraße (an der rot-weißen Schranke). An ihrem Ende geht es über eine Treppe samt Rampe hinauf zur **Alten Harburger Elbbrücke** ❹. Die Enden der 1899 fertiggestellten Brücke markieren bis heute zwei beeindruckende Sandsteinportale, entworfen vom Hannoveraner Architekten Hubert Stier.

*Mit etwas Fantasie erinnern die beiden markanten Sandstein-Portale der **Alten Harburger Elbbrücke** fast ein wenig an die New Yorker Brooklyn Bridge. Die 474 Meter lange Stahlbogenbrücke wurde 1899 feierlich durch Kaiser Wilhelm II. eröffnet.*

Wir träumen uns zurück in vergangene Jahrhunderte, in denen Kutschen samt Hufgeklapper über diese Brücke mit ihrer geschwungenen Eisenfachwerkkonstruktion rollten. Noch heute zieren gusseiserne Straßenlaternen manche Pfeiler der ersten festen Brücke, die vor über 120 Jahren den Straßenverkehr von Harburg nach Wilhelmsburg ermöglichte.

So bringt sie auch uns heute sicher ans andere Elbufer und belohnt obendrein mit einer erfrischenden Brise und großartigen Ausblicken auf Hamburgs blaue Lebensader. Dem Rad- und Fußweg folgend, rollen wir auf eine Ampelkreuzung zu, an der die Brücke des 17. Juni auf die Straße **König-Georg-Deich** trifft. Wir queren und folgen geradeaus (an der Litfaßsäule) dem König-Georg-Deich. Die Straße unterquert dabei die B 75 sowie die Eisenbahnstrecke. So gelangen wir in das Wilhelmsburger Gebiet Finkenriek. Bei nächster Gelegenheit zweigen wir (an einem Blumengeschäft) rechts in den König-Georg-Weg ab und radeln geradewegs auf den **Finkenrieker Hauptdeich** zu. Dort angekommen, lenken wir links in selbigen. Ein

Für die Seele

Der Törn von Hafen zu Hafen verwöhnt mit traumhaften Elbpanoramen und trägt uns von Harburg über die Ostspitze Wilhelmsburgs bis zur Elbphilharmonie.

Alte Harburger Elbbrücke

Tipp: Hier lohnt ein Blick über den Deich, hinter dem sich die **Badestelle Finkenriek** mit schönem Sandstrand versteckt.

Doch keine Bange (wie man in Hamburg sagt), es bieten sich viele weitere Gelegenheiten für erholsame Pausen – etwa mit erhebenden Ausblicken auf das **Naturschutzgebiet Heuckenlock**, welches sich am Ufer der Süderelbe erstreckt.

Um dorthin zu gelangen, folgen wir für gut 1,5 Kilometer dem Finkenrieker Hauptdeich, unterqueren dann – zuvor einem Abzweig nach rechts folgend – über einen U-Turn-artigen Schlenker die A 1, um anschließend auf dem **Stillhorner Hauptdeich** weiter ostwärts zu radeln. Mal auf Straße oder Radweg, mal entlang des grünen Deichs geschoben. Hier darf das Auge schwelgen: linker Hand über Felder und rechts hinweg über das bis zu 400 Meter breite und sich über 3 Kilometer erstreckende Naturschutzgebiet Heuckenlock.

Zugang zum Naturpfad Heuckenlock

Nach rund 1,5 Kilometern führt am weißen Hinweisschild „Zum Naturschutzgebiet Heuckenlock" eine asphaltierte Rampe den Deich hinauf. Über den Deich hinweg – vorbei an der **Aussichtsbank** ❺ – geleitet uns elbseitig ein Trampelpfad zum Eingang des Naturschutzgebiets. Infotafeln informieren über Grannensegge, Wibels Schmiele oder endemischen Schierlings-Wasserfenchel. Im Takt der Gezeiten putzen Kormorane und Weißstörche ihr Gefieder, staksen Rohrsänger und Graureiher durch das Vogelschutzgebiet. Rund 700 Arten sind hier beheimatet.

Dem urwüchsigen Pfad durch den Tideauenwald folgen wir schiebend (das Fahren ist verboten) und genießen den Spaziergang durch den von Prielen durchzogenen, dschungelartigen Auwald bis zu seinem Ausgang. Über den Deich geht es zurück auf den Moorwerder Hauptdeich. Nur ein kurzes Stück – und wir befinden uns am östlichsten Zipfel Wilhelmsburgs. Hier weist ein Schild nach rechts auf den Wohnmobilstellplatz im Elbepark Bunthaus. Der schöne Biergarten **Der Stackmeister** ❻ ist für jedermann geöffnet.

*Von der Aussichtsbank nahe dem Eingang zum Naturschutzgebiet Heuckenlock sind mit Glück sogar **Seeadler** zu beobachten. Ein Feldstecher im Gepäck lohnt auf dieser Tour besonders!*

*Die Gesellschaft für Ökologische Planung e. V. im **Elbe-Tideauenzentrum** kümmert sich um Naturschutz und Landschaftspflege in 14 von 36 Hamburger Naturschutzgebieten. Ausstellungen, Filme und ein Deichmodell informieren Besucher über Hamburgs grüne Oasen.*

Naturpfad durch Heuckenlock

Nebenan ist das **Elbe-Tideauenzentrum** 7 verortet, welches neben einer informativen Ausstellung auch Kaffee und Kuchen im Vereinscafé bereithält.

Am Ende des Parkplatzes, auf den wir zuerst gelangen, führt rechts ein Rad- und Gehweg zum nächsten Höhepunkt der Tour, der nach 800 Metern entlang einer Allee erreicht ist: das pittoreske, rot-grüne **Leuchtfeuer Bunthaus** 8. Heute über 100 Jahre alt, sorgte der 7 Meter hohe, hölzerne Leuchtturm bis 1977 für die Sicherheit der Schiffe, da sich der Strom genau hier in Norder- und Süderelbe teilt. Wir erklimmen die schmalen Stufen des Türmchens und erblicken – einem Seemann gleich – das weite, glitzernde Elbpanorama.

Über den von Linden gesäumten Weg radeln wir zurück auf den Moorwerder Hauptdeich und steuern nun entlang der **Norderelbe**. Zwar ist er extrem schmal, doch mit etwas Balance lässt sich der Plattenweg auf der Wasserseite des Deiches durchaus befahren, sodass wir das ganze Elbpanorama einmal mehr genießen können – zumindest bis uns eine blökende Schafherde den Weg versperrt und wir über den Deich zurück auf die Straße wechseln.

Leuchtturm Bunthäuser Spitze

Nach 3 Kilometern geht diese in den **Kreetsander Hauptdeich** über, dem wir bis zum Georgswerder Schleusengraben folgen. Nach diesem biegen wir – an einem Wendehammer – links in den Obergeorgswerder Deich ein; es geht vorbei am idyllischen **Naturschutzgebiet Rhee**, schließlich unter zwei Autobahnbrücken hindurch, bis wir automatisch auf den Niedergeorgswerder Deich gelangen.

Bei nächster Gelegenheit schwenken wir links in die Kirchdorfer Straße, um sogleich rechts in die **Hövelpromenade** abzubiegen. Gleich zu Beginn der Hövelpromenade muss zunächst ein Privatgrundstück rechts umfahren werden. Südlich begleitet von der Wilhelmsburger Dove-Elbe, genießen wir den von sattem Grün gesäumten Sandweg, der zwischen Fluss und Kleingartenverein verläuft. An hölzernen Stegen finden sich verträumte Picknickplätze. Seerosen breiten sich wie Teppiche an üppig bewachsenen Ufern aus; Kanuten ziehen leise paddelnd durch das Gewässer.

Rund 1,5 Kilometer rollen wir genussvoll dahin. Schließlich führt uns der Weg (nach einer kleinen Brücke) in eine 90-Grad-Rechtskurve. Wir folgen ihr, weiter geradeaus auf die Rahmwerder Straße fahrend, bis wir zurück auf den Niedergeorgswerder Deich gelangen. Hier zweigen wir links ab, radeln etwa 500 Meter weiter, um nun rechts in die Fiskalische Straße einzubiegen. An der nahenden dreifachen Weggabelung

Ausflügler auf der Wilhelmsburger Dove-Elbe

Auf dem Horizontweg

geht es rechter Hand hinauf zum Infozentrum des **Energiebergs Georgswerder** 9. Hier erfahren Besucher, wie aus einer (darunter verborgenen) Mülldeponie ein neues Wahrzeichen Wilhelmsburgs entstehen konnte. An den Hängen des rund 40 Meter hohen Hügels grasen sogar Schafe. Im Zentrum des auf Pfeilern stehenden, geschwungenen **Horizontweges** drehen sich heute Windräder. Wer die Stufen (ohne Rad!) zum Rundweg erklommen hat, wird mit einer phänomenalen 360-Grad-Aussicht belohnt. In der Ferne schimmert unser Ziel: die Elbphilharmonie. Zurück am Infozentrum, rollen wir die Fiskalische Straße gemütlich wieder hinunter.

Am Niedergeorgswerder Deich angelangt, zweigen wir rechts ab und radeln geradeaus auf dem Veddeler Bogen, bis wir den Ballinpark erreichen. Eine schöne Gelegenheit, das **Auswanderermuseum BallinStadt** 10 zu besuchen.

Von hier aus fahren wir Richtung Westen auf die **Harburger Chaussee**, radeln unter den Bahngleisen hindurch und schieben nach der zweiten Unterquerung

*Im **Auswanderermuseum BallinStadt** wandeln Besucher auf den Spuren teils sehr persönlich erzählter Auswanderergeschichten. In den ehemaligen Auswandererhallen im „Hafen der Träume" verbrachten einst Millionen Menschen ihre Tage, bevor sie nach Amerika aufbrachen.*

Östlich der U-Bahn-Station Elbbrücken soll Hamburgs höchstes Gebäude entstehen. Der 245 Meter hohe **Elbtower** in spe wird damit den östlichen Abschluss der Hamburger HafenCity bilden. Der erste Spatenstich ist für 2022 geplant.

die Räder über den Deich, sodass wir vom Klütjenfelder Hauptdeich aus nordwärts dem Radweg parallel zur Bahnbrücke folgen. Wir radeln über zwei Brücken östlich des Spreehafens hinweg. Nach der zweiten bringt uns eine Unterführung (der Eingang liegt unter der mit Graffiti übersäten Glasüberdachung) auf den **Veddeler Damm**. Dort angekommen, fahren wir nach rechts weiter, bis er in die Straße Am Saalehafen übergeht. Bei der nächsten Ampel wechseln wir die Straßenseite, da der Radweg hier endet. Wiederum nach rechts geht es – bei regem Straßenverkehr – weiter bis über die Freihafenelbbrücke, welche uns abermals schönste Panoramen beschert. Am anderen Ufer funkelt bereits die futuristisch anmutende **U-Bahn-Station Elbbrücken**.

Scharf nach links abgebogen, führt an der Station eine Fahrradrampe hinunter zum **Baakenhafen**, in dem sich moderne Neubauten aneinanderreihen. (Achtung, bitte Alternativroute im Info-Kasten beachten.) Auf

Baakenhafenbrücke und HafenCity-Aussichtspunkt

dem Weg Richtung Elbtorquartier radeln wir vorbei an der MS „Stubnitz“ und dem lohnenswerten, orangefarbenen **HafenCity Aussichtspunkt** ⑪. Nach dem Queren der Baakenhafenbrücke (mit tollen Sitzgelegenheiten) lassen wir uns über eine Rampe auf den Buenos-Aires-Kai hinunterrollen. Am Henning-Voscherau-Platz rechts um die Ecke gebogen, rollen wir geradewegs auf das backsteinerne **Internationale Maritime Museum** ⑫ zu. Hungrige Radler können sich vorher in der lässigen **Surfkitchen** ⑬ stärken.

Über die **Busanbrücke**, vorbei am Störtebeker-Denkmal, kreuzen wir die Osaka Allee, um uns von hier aus nach Lust und Laune durch die HafenCity treiben zu lassen, bis wir schließlich vor der mächtigen, gläsern schimmernden **Elbphilharmonie** ⑭ stehen, dem neuen Wahrzeichen Hamburgs. Das Hamburg-Panorama von der Besucherplattform ist magisch – insbesondere zur blauen Stunde. Mit der S 3 gelangt man von der S-Bahn-Station Landungsbrücken zurück zum Ausgangspunkt der Tour.

*Aufgrund einer **Baustelle am Baakenhafen** (2022) führt eine alternative Route durch die U-Bahn-Station (Brücke mit Aufzug). Über eine Rampe geht es auf die Zweibrückenstraße, nach Ampel und Rechtskurve links über den Amerigo-Vespucci-Platz auf dem Petersenkai weiter. Wir radeln durch den Baakenpark und über die Baakenparkbrücke auf dem Versmannkai weiter. Nach 400 Metern ist die Baakenhafenbrücke erreicht.*

4
Hammerbrook
12
13
14
Hafen-
City
11
75
Norderelbe
Rothen-
burgsort
Kleiner
Grasbrook
Hansahafen
Saalehafen
Billwerder Bucht
Veddeler Damm
Veddelkanal
Veddel
Spreehafen
Harburger Chaussee
Zollhafen
10
Hovekanal
Müggenburger Kanal
75
255
Holz-
hafen
Niedergeorgswerder Deich
9
Naturschutzgebiet
Rhee
Dove-Elbe
Kreetsander Hauptdeich
Ruschorter Hauptdeich
Wilhelmsburg
Kirchdorfer Straße
1
Tatenberg
Wilhelms-
burger
Inselpark
Auen-
landschaft
Norderelbe
Spaden-
land
Kornweide
Moorwerder Hauptdeich
Naturschutzgebiet
Heuckenlock
2
4
3
5
Süderelbe
Naturschutzgebiet
Schweenssand
Ochse
werde
Gauerter Hauptdeich
1
Neuland
6
7
8
P
Harburg

Alles auf einen Blick

WIE & WANN:
Überwiegend asphaltierte Straßen und zu großen Teilen Radwege, streckenweise Sandwege. Die Strecke ist ganzjährig befahrbar, auch im Winter bietet sie eine abwechslungsreiche, wohltuende Auszeit.

HIN & WEG:
Auto: Parkhaus Harburg Arcaden, Einfahrt über Harburger Ring 25, 21073 Hamburg (Sonntag geschlossen) (GPS: 53.460517, 9.981080)
ÖPNV: S-Bahn-Station Harburg Rathaus, mit Rolltreppe; Aufzug (anderer Ausgang) vorhanden; S-Bahn-Station Landungsbrücken, Aufzug vorhanden

ESSEN & ENTSPANNEN:
Fischhalle Harburg ❶ Kanalplatz 16, 21079 Hamburg, Tel. (0 40) 30 38 21 28, www.fischhalle-harburg.de

Entspannung ✱✱✱✱✱
Genuss ✱✱✱✱✱
Romantik ✱✱✱✱✱

Harburger Fährhaus (Bei Rosi) ❷ Dampfschiffsweg 21, 21079 Hamburg, Tel. (0 40) 77 02 94, www.facebook.com/beirosi/ **Der Stackmeister – Restaurant und Bar ❻** Moorwerder Hauptdeich 33, 21109 Hamburg, Tel. (0 40) 70 01 13 72, www.derstackmeister.de
Surfkitchen ⓭ Hongkongstraße 2–4, 20457 Hamburg, Tel. (0 40) 32 04 12 58, www.surfkitchen.de

ENTDECKEN & ERLEBEN:
Harburger Hafenschleuse ❸ **Alte Harburger Elbbrücke ❹** **Aussichtsbank (Deich) auf das Naturschutzgebiet Heuckenlock ❺** **Elbe-Tideauenzentrum ❼** Moorwerder Hauptdeich 33, 21109 Hamburg, Tel. (0 40) 75 06 28 31, www.goep.hamburg/umweltbildung/elbe-tideauenzentrum.php **Leuchtfeuer Bunthaus ❽** **Energieberg Georgswerder mit Horizontweg ❾** **Auswanderermuseum BallinStadt Hamburg ❿** Am Veddeler Bogen 2, 20539 Hamburg, Tel. (0 40) 31 97 91 60, www.ballinstadt.de **HafenCity Aussichtspunkt ⓫** **Internationales Maritimes Museum ⓬** Koreastraße 1, 20457 Hamburg, Tel. (0 40) 30 09 23 00, www.imm-hamburg. de **Elbphilharmonie Hamburg ⓮** Platz der Deutschen Einheit 4, 20457 Hamburg, Tel. (0 40) 3 57 66 60, www.elbphilharmonie.de

- 39 Kilometer
- 275 Höhenmeter
- 5 Stunden
- Rundtour

Achterdiekbrücke auf dem Marschbahndamm

Wir starten am südlichen Ausgang der **S-Bahn-Station Bergedorf**. Hier queren wir den Weidenbaumsweg und schieben durch die vor uns liegende Einkaufsstraße. Sie führt zum Schleusengraben, an dem wir rechts dem Weg Kampdeich folgen. Nach 250 Metern überqueren wir den Kanal über die Rad- und Fußgängerbrücke und folgen der Dietrich-Schreyge-Straße, bis wir an der T-Kreuzung zur Vierlandenstraße rechts abzweigen. Bald queren wir den Entwässerungsbach **Alte Brookwetterung**, dem wir nun ostwärts folgen wollen. Zur Sicherheit fahren wir über die Ampelkreuzung, sodass wir – im kleinen U-Turn – nach rechts in den Sandweg einbiegen, der parallel zur Brookwetterung verläuft. Nach rund 150 Metern

Deichkieker ahoi!

Vierlande-Tour ab Bergedorf

stoßen wir auf den Neuen Weg, an dem wir rechts abbiegen und eine erste Sehenswürdigkeit bestaunen dürfen: das schmucke Kassen- und **Wärterhaus des Alten Bahnhofs Bergedorf** ❶, entstanden 1842 nach dem Entwurf von Alexis de Chateauneuf.

Direkt gegenüber dem himmelblauen Wärterhäuschen steuern wir, hinweg über Neuer Weg, in den **Brookdeich**. Für 1,5 Kilometer, streckenweise als Radstraße ausgewiesen, geht es durch ein ruhiges Wohngebiet. Erst an der Kreuzung zur Straße **Pollhof** zweigen wir rechts ab, queren die A 25, lassen uns die Brücke hinabrollen und schwenken bei nächster Gelegenheit rechts in den Weg Achterschlag. Auf diesem nur kurz verbleibend, startet hinter dem kroatischen

*Der 1799 in Hamburg geborene Architekt **Alexis de Chateauneuf** hat die typisch hamburgische Backsteinarchitektur stark mitgeprägt. Er entwarf zahlreiche Bauten der Hamburger Innenstadt, darunter die Alte Post am Neuen Wall und – nach dem Großen Brand 1842 – die Alsterarkaden.*

Restaurant Dubrovnik am Pollhof 2 links unser Marschbahndamm-Vergnügen. Zwischen 1912 und 1961 in Betrieb, sind die alten Gleise der Vierländer Bahn längst diesem traumhaften Radwanderweg gewichen. Gut 9 Kilometer Radelgenuss liegen vor uns, bis wir die Elbe erreicht haben werden. Die milde Morgensonne blinzelt durch die Baumallee und verwandelt den Weg in ein tanzendes Mosaik aus Licht und Schatten. Immer wieder gibt die Allee den Blick auf die weite, landwirtschaftlich geprägte Kulturlandschaft frei. Zudem bietet sie praktischen Windschatten. Auf dem ersten Abschnitt des Marschbahnweges queren wir bald schräg den Curslacker Deich (wo sich ein Abstecher zum **Freilichtmuseum Rieck-Haus** 3 anbietet), überqueren kurz darauf die Dove-Elbe und den Neuengammer Hausdeich (an einer besonderen, mit Blumen bemalten Bushaltestelle).

*Auf der Hin- oder Rückfahrt lohnt der Besuch des **Freilichtmuseums Rieck-Haus**, welches über den Curslacker Deich zügig erreicht ist. Nach dem Motto „Leben wie früher" ist in und um das historische Hufnerhaus aus dem Jahr 1533 bäuerliche Geschichte authentisch nacherlebbar.*

Nach weiteren 2 Kilometern radeln wir auf der markanten **Achterdiekbrücke** über die Gose-Elbe. Auf dem

Wärterhaus des Alten Bahnhofs Bergedorf

Für die Seele

Wir genießen kilometerweise sorgloses Radlerglück entlang des Bergedorfer Marschbahndamms und folgen dem funkelnden, blauen Elbstrom.

letzten Stück mit weniger Baumbewuchs öffnen sich einmal mehr herrliche Panoramablicke auf Hamburgs Gemüse- und Blumengarten. Nachdem wir auch den **Spielplatz Gleisdreieck** durchfahren haben – hier kreuzen sich die Marschbahnstrecken – sind es nur noch 1,5 Kilometer, bis uns die typisch hamburgische steife Brise um die Ohren weht. Das blaugrüne Elbpanorama öffnet sich vor uns und genau jenes wollen wir nun genießen. Der **Zollenspieker Fähranleger** ist fast erreicht. Hierzu radeln wir links auf dem Zollenspieker Hauptdeich weiter und lassen uns, über den Deich hinweg, zum Anleger hinabrollen. Während die **Elbfähre** im 10-Minuten-Takt samt Autos, Radlern und Fußgängern ins niedersächsische Hoopte pendelt, tanken Ausflügler

Blick von der Terrasse des Zollenspieker Fährhauses

Im 1880 erbauten und neu errichteten ***Pegelhäuschen*** *finden maximal vier Gäste Platz. Das „Oberstübchen" an der Elbe, in dem einst der Wasserpegel gemessen wurde, gilt daher als kleinstes Restaurant der Welt. Wer rechtzeitig reserviert, darf hier ein 4-Gänge-Überraschungsmenü genießen.*

hier bei Kaffee, Kuchen oder einem Fischbrötchen aus dem **Fährimbiss** 4 frische Luft und neue Kraft. Seit Jahrzehnten ist dies auch ein beliebter Motorradtreff.

Gleich nebenan thront das denkmalgeschützte **Zollenspieker Fährhaus** 5, umgeben von knorrigen Kastanienbäumen. Ein kleines Highlight ist das dazugehörige **Pegelhäuschen** am kleinen Strand. Die Grundmauern des legendären Fährhauses stammen aus dem 13. Jahrhundert.

Mit der Erweiterung um ein stilvolles Vier-Sterne-Hotel schlägt das Fährhaus eine elegante Brücke in die Gegenwart. Genau diese genießen auch wir ausgiebig, und zwar mit frischer Forelle auf der sonnenbeschienenen Außenterrasse und malerischem Elbblick. Den Kaffee heben wir uns fürs nächste Zwischenziel auf. Gestärkt in die Pedale geschwungen, beschert uns die Elbe auf weiteren 2 Kilometern wahre Bilderbuchausblicke. Über das **Naturschutzgebiet Zollenspieker** hinweg leuchten Himmel und Elbe bis an den Horizont in prächtigen Blautönen. Der Kirchwerder Mühlendamm, in den wir dann links einbiegen, verrät den nächsten Höhepunkt, die **Riepenburger Mühle 6**. Sie ist Hamburgs älteste und größte erhaltene Windmühle, in der seit 1318 Getreide gemahlen wurde. Dem Verein Riepenburger Mühle e. V. ist es zu verdanken, dass sich ihre vier Flügel – nach aufwendigen Restaurierungsarbeiten – heute wieder im Wind drehen. An bestimmten Tagen können Besucher sie kostenlos besichtigen. Die Mühle – wie auch der Hof Eggers – gehörten einst zur Riepenburg, benannt nach dem gefürchteten Ritter Hermann Ribe. Seinerzeit gehörte die Vierländer Marsch zum Gebiet der Herzöge von Sachsen-Lauenburg.

Im sonnengelb gestrichenen Anbau hat Ende 2019 das einladende **Café Molina 7** eröffnet. Frühstück, Kaffee und Kuchen lassen sich auch im wunderschönen Ambiente des Innenhofes genießen.

*Zwischen dem 13. und dem 19. Jahrhundert war **Zollenspieker** eine der zahlreichen Zollstellen. Jahrhundertelang schleppten Treidler schwere Lastkähne stromaufwärts, bis die Dampfschifffahrt sich durchsetzte und die meisten Zollstellen 1821 per „Elbe-Schiffahrts-Acte" aufgehoben wurden.*

Riepenburger Mühle mit Café Molina

Bevor es zurück an die Elbe geht, lohnt ein Abstecher zum historischen **Hof Eggers** **8**. Hierzu folgen wir dem Kirchwerder Mühlendamm nordwärts, halten uns an der baldigen Gabelung (Dorfteich) rechts und zweigen bei nächster Gelegenheit rechts in einen unbefestigten Feldweg ab. Dieser führt automatisch zum reetgedeckten, seit 1942 denkmalgeschützten Hof. Er ist bewirtschafteter Bio-Bauernhof, Feriendomizil und Hofcafé in einem – ein Wohlfühlort zum Entspannen. Wer beim Kaffeegenuss unter mächtigen Eichen ein Schnattern, Grunzen und Muhen vernimmt: Auf dem Hof ist eine fröhliche Tiergemeinschaft zu Hause.

Wir könnten ewig verweilen, doch weiter geht es auf dem Plattenweg, der hinter dem Hof durch die Äcker gen Süden führt. Nach 1 Kilometer zweigen wir links in den **Kirchwerder Marschbahndamm** ein. Hier gibt es zwei Optionen: Wir könnten diesem, etwas windgeschützteren, Rad- und Wanderweg für knapp 4 Kilometer folgen, bis es links auf dem Neuengammer

Hausdeich weitergeht. Oder wir radeln erneut mit schönstem Elbpanorama im Blick. Hierzu biegen wir nach 300 Metern rechts in die **Helltwiete** ab und gelangen in der Verlängerung über den West-Kraueler-Bogen zurück auf den **Kraueler Hauptdeich**. 4 Kilometer freie Fahrt liegen vor uns. Schiffe bahnen sich ihren Weg, goldgelbe Elbstrände blitzen an Ufern hervor.

Am **Neuengammer Hausdeich** sagen wir dem großen Strom ahoi und zweigen links ab. Im Geleit der Dove-Elbe mäandert der Weg durch das dörfliche Neuengamme. Nach etwa 2,5 Kilometern verweist ein Hinweisschild nach links in den Jean-Dolidier-Weg – zur **KZ-Gedenkstätte Neuengamme 9**. Das weitläufige Gelände erinnert heute an 100.000 KZ-Häftlinge und Zwangsarbeiter. Es beherbergt neben Ausstellungen auch eine Bibliothek sowie ein Studienzentrum und ist ein Ort von europäischer Bedeutung.

Elbpanorama

Blick über die Elbmarsch

Nach unserem Besuch fahren wir zurück auf den Neuengammer Hausdeich, setzen die Fahrt für 1,5 Kilometer fort, um an der – bereits bekannten – floral gestalteten **Bushaltestelle „Odemanns Heck"** nach rechts in die gleichnamige Straße zu schwenken. Hiermit sind wir zurück auf dem **Marschbahndamm** Richtung Bergedorf. Voller Eindrücke rollen wir nun nordwärts, während die Allee aus Eichen an uns vorbeifliegt. Am **Restaurant Dubrovnik** geht es rechts und sogleich wieder links in die Straße Pollhof. Am Brookdeich angelangt, fahren wir links, bis wir an der T-Kreuzung auf **Neuer Weg** wieder das blaue Wärterhäuschen erblicken. Dort zweigen wir rechts ab, fahren an der baldigen scharfen Linkskurve weiter (geradeaus) auf Neuer Weg, queren die Bergedorfer Straße und radeln kurz darauf auf die hübsche **Fußgängerzone Sachsentor** zu. Nach links abgebogen, flanieren wir diese ein Stückchen hinauf, passieren den Bergedorfer Markt und lenken kurz darauf in die Straße Kaiser-Wilhelm-Platz, vorbei am **Sievers Brunnen**. Hier können wir das prächtige **Bergedorfer Schloss ⑩** bereits erspähen. Sanfte Sonnenstrahlen lassen die Vierflügelanlage aus Backstein und Fachwerk erleuchten. Über eine romantische

Brücke hinweg führt ein Weg rund um Hamburgs einziges erhaltenes Schloss. Es beherbergt das **Museum für Bergedorf und die Vierlande** ⑪ mit spannenden Infos und Artefakten zur Schlossgeschichte. Eine Tür weiter lädt das erst 2021 eröffnete Schlossrestaurant **In aller Munde** ⑫ zum kulinarischen Ausklang des Tages – entweder im gemütlichen Innenbereich oder im Innenhof des altehrwürdigen Gemäuers.

Schließlich machen wir uns – über die südliche **Brücke der Schlossinsel** – auf, zurück zur S-Bahn-Station. Zunächst geht es geradeaus über die **Bergedorfer Schlossstraße**, die nach dem Johann-Adolf-Hasse-Platz in die Vierlandenstraße übergeht. An der nächsten Kreuzung folgen wir der **Bergedorfer Straße** nach rechts, überfahren den Schleusengraben und zweigen bei nächster Möglichkeit rechts auf den Weidenbaumsweg ab. Linker Hand empfängt uns das bereits bekannte Bahnhofsgebäude.

Bergedorf
Bille
Neuallermöhe
Nettelnburg
Alte Brookwetterung
Brookdeich
Schleusengraben
Curslacker Neuer Deich
Achterschlag
Curslacker Heerweg
Dove-Elbe
Curslack
Gose-Elbe
Neuengammer Hauptdeich
Neuengamme
Heinrich-Stubbe-Weg
Kirchwerder Wiesen
Kirchwerder Marschbahndamm
Kirchwerder
Neuengammer Marschbahndamm
Neuengammer Hauptdeich
Kirchenheerweg
Süderquerweg
Kirchwerder Mühlendamm
Grünerdeich
Naturschutzgebiet Kiebitzbrack
Zollenspieker Hauptdeich
Elbe
Kraueler Hauptdeich
Hoopte
5
207
25
1
2
3
4
5
6
7
8
9
10
11
12

Alles auf einen Blick

WIE & WANN:

Aufgrund des fast durchweg sehr guten, asphaltierten Belags ist die Tour das ganze Jahr hindurch prima zu fahren. Im Sommer spendet der Marschbahndamm herrlichen (Wind-)Schatten, im Winter erlauben die laubfreien Bäume dafür freie Sicht.

HIN & WEG:

Auto: Parken etwa im P+R-Parkhaus Bergedorf, Bergedorfer Straße 85 a, 21033 Hamburg (neben der S-Bahn-Station) (GPS: 53.490013, 10.204114)
ÖPNV: S-Bahn-Station Bergedorf, Fahrstühle/Rolltreppen vorhanden

ESSEN & ENTSPANNEN:

Restaurant Dubrovnik am Pollhof ❷ Achterschlag 2, 21039 Hamburg, Tel. (0 40) 87 64 40 24, www.dubrovnik-ampollhof.de
Fährimbiss ❹ Zollenspieker Hauptdeich 148, 21037 Hamburg, erlebnis-reederei.de/faehrimbiss/

Entspannung ✱✱✱✱✱
Genuss ✱✱✱✱✱
Romantik ✱✱✱ (3 von 5)

Zollenspieker Fährhaus ❺ Zollenspieker-Hauptdeich 141, 21037 Hamburg, Tel. (0 40) 7 93 13 30, www.zollenspieker-faehrhaus.de
Café Molina ❼ in der Riepenburger Mühle. Kirchwerder Mühlendamm 75a, 21037 Hamburg, Tel. (0 40) 63 60 47 47, www.cafemolina.de
Hof Eggers ❽ Kirchwerder Mühlendamm 5, 21037 Hamburg, Tel. (0 40) 72 37 73 85, www.hof-eggers.de
In aller Munde ⓬ Bergedorfer Schloss, Bergedorfer Schlossstraße 4, 21029 Hamburg, Tel. (0 40) 21 99 30 77, www.inallermunde.hamburg

ENTDECKEN & ERLEBEN:

Wärterhaus des Alten Bahnhofs Bergedorf ❶
Freilichtmuseum Rieck-Haus ❸ **Riepenburger Mühle** ❻ www.riepenburger-muehle.com
KZ-Gedenkstätte Neuengamme ❾ **Bergedorfer Schloss** ❿
Museum für Bergedorf und die Vierlande ⓫ www.bergedorfer-museumslandschaft.de

Blick auf die Elbphilharmonie

- 22 Kilometer
- 150 Höhenmeter
- 2 Stunden
- Rundtour

Begleitet vom Ruf der Möwen starten wir an einem imposanten Tuffstein-Rundbau samt Kuppeldach: dem historischen Schachtgebäude des **Alten Elbtunnels** ❶ an den St. Pauli Landungsbrücken, eröffnet im September 1911. Wir blicken hinauf in die Kassettendecke der Kuppel, die uns an eine Kathedrale denken lässt.

Aufzüge bringen uns sicher 23,5 Meter in die Tiefe. Dort liegt vor uns die 426,5 Meter lange Oströhre, welche nach einer Sanierung im neuen Glanz erstrahlt. (Die Weströhre wird noch bis 2024 saniert.) Wie damals täglich Abertausende Hafenarbeiter machen auch wir uns auf ans andere Elbufer. Maritime Wandreliefs zieren den Tunnel entlang des Weges.

*Ob Seestern, Schweinswal, Muschel oder Aal: Die über 80 **Keramikreliefs** mit 14 verschiedenen „Tunneltieren" machen die Durchquerung des Flusstunnels zu einem kleinen Kunsterlebnis.*

Kaum erblicken wir am Südufer das Tageslicht, werden wir mit der wohl schönsten Aussicht auf die Skyline Hamburgs belohnt. Vom **Aussichtspunkt Steinwerder** (Bornsteinplatz) hinter dem Schachtgebäude staunen wir über das sich vor uns ausbreitende Elbpanorama. Es reicht im Westen von der Hafenstraße bis zum emporstrebenden Empire Riverside Hotel, wandert über die Landungsbrücken, den berühmten Hamburger Michel, den Turm der Kirche St. Nikolai bis hinüber zur alles überstrahlenden Elbphilharmonie im Osten. Ein prächtiges Bild.

Wer mag, versorgt sich vor der Weiterfahrt am **Fischbrötchencontainer Brücke 10** ❷ am Aussichtspunkt mit Proviant – und los geht es Richtung Süden. Wir folgen dem Radweg der **Hermann-Blohm-Straße**, die später in Reiherdamm übergeht. Nach gut 2 Kilometern durch typisches Hafenindustriegelände gelangen wir an eine große Kreuzung. An der Ampel wechseln wir auf die linke Straßenseite und fahren auf dem Radweg geradeaus über die **Argentinienbrücke**. Hier lohnt ein Stopp. Die Aussicht über Kanal und Hafen hinweg eröffnet einen ganz neuen Blick auf die silbrig schimmernde Elbphilharmonie.

Ein gelber Radwegweiser leitet uns direkt nach der Brückenüberquerung rechts auf die nach Süden verlaufende, zunächst abschüssige **Klütjenfelder Straße**, deren Radweg wir in einem Linksbogen mit charmantem Weitblick über den Klütjenfelder Hafen folgen. Über zwei weitere Brücken gelangen wir automatisch auf den **Reiherstieg-Hauptdeich**, der ins gleichnamige Reiherstiegviertel führen wird. Hierzu biegen wir an der großen Kreuzung zur Hafenrandstraße links in den **Vogelhüttendeich** ein – und befinden uns schlagartig in anderen Sphären, einem geschichtsträchtigen Wohngebiet. Ende der 1880er-Jahre als Arbeiterwohnquartier entstanden, sind diese Straßen geprägt von

Fischbrötchen am Bornsteinplatz

Kulturzentrum Honigfabrik

multikulturellen Einflüssen und historischen Umbrüchen. Weil hier Arbeit und Wohnraum lockten, zog Wilhelmsburg bereits Ende des 19. Jahrhunderts Zuwanderer an.

Wie nah Wohngebiet und Hafenindustrie hier beieinander liegen, erleben wir auf der folgenden Strecke. Vom Vogelhüttendeich zweigen wir rechts in die **Mokrystraße** ab und schwenken kurz vor dem **Kulturzentrum Honigfabrik** ③ samt dem **Café Pause** ④, links in einen kleinen Weg, der sogleich nach einer Rechts-

__Wilhelmsburg__ ist nicht nur Hamburgs Modellstadtteil für zukunftsweisenden städtischen Radverkehr. Die durch Hafenindustrie geprägte Elbinsel, geformt wie eine Flunder, gilt obendrein als Europas größte Flussinsel.

Für die Seele

Der alte Elbtunnel bereitet uns den Weg auf die urbane Elbinsel mit Hafenflair, Kultur und überraschendem Grün – Inselzauber pur.

Winterliches Dursun-Akçam-Ufer

Sowohl die Internationale Bauausstellung (IBA) 2006 bis 2013, als auch die anschließende Internationale Gartenschau (IGS) im Jahr 2013 hinterließen außergewöhnliche Bau- und Architekturprojekte sowie den wunderschönen ***Inselpark****.*

Im ***Energiebunker*** *führt ein Fahrstuhl ins Café vju im obersten Stockwerk. Die Rundumterrasse des Bunkers beschert eine einmalige Aussicht über Wilhelmsburg bis in die City. Die Kriegsruine wurde im Rahmen der IBA in ein Ökokraftwerk verwandelt.*

kurve entlang des **Dursun-Akçam-Ufers** (am Veringkanal) Richtung Süden führt. Wir passieren das neue Kreativzentrum, die alten Zinnwerke und genießen die rund 1 Kilometer lange Etappe entlang des Kanals. Weiden, Birken und Gräser beugen sich über das spiegelglatte Gewässer, welches manch Ente schnatternd durchpflügt. Am anderen Ufer wiederum Fuhrparks und Hafenlogistik.

Über die Neuhöfer Straße (an der Ecke eine Tankstelle) lohnt linker Hand ein Abstecher zu einem Beton-Koloss: dem **Energiebunker**, der ein **Café mit Aussicht „vju"** 5 beherbergt. Am Ende des Dursun-Akçam-Ufers stoßen wir automatisch (T-Kreuzung) auf den **Gert-Schwämmle-Weg**, auf welchem der Wilhelmsburger **Loop** verläuft. Dies ist ein breiter Fahrrad-Freizeitrundkurs von derzeit rund 6,5 Kilometern, dem auch wir eine Weile folgen werden. Auf dem Loop geht es zunächst rechts über die hölzerne Brücke mit freier Aussicht Richtung Norden: Vor uns liegt nicht nur der schnurgerade Veringkanal. Aus diesem Blickwinkel scheinen der markante Fernsehturm und der Hamburger Michel (Hauptkirche St. Michaelis) wie Geschwister nebeneinanderzustehen – herangezoomt ein perfektes Fotomotiv.

Wir folgen dem Loop weiter, queren die Industriestraße, um kurz darauf automatisch in eine scharfe Linkskurve zu schwenken. Auf den nächsten rund 200 Metern türmen sich linker Hand riesige Stapel bunter Schiffscontainer auf. Hafenfeeling pur. Nun treffen wir auf die Straße **Bei der Wollkämmerei**, überqueren diese und folgen der Ausschilderung nach rechts zum Uferpark. Bei nächster Gelegenheit geht es nach links (siehe Beschilderung) auf den **Reiherstieg-Hauptdeich**, der nun schnurstracks auf den gleichnamigen Kanal zielt. An wohl keinem anderen Ort Wilhelmsburgs sind Kunst und Kultur, Hafenindustrie und Inselidylle so harmonisch und kunterbunt miteinander verwoben. Allsommerlich werden auf dem angrenzenden Gelände das Musikfestival **MS Dockville** 6, das skurrile Elektro-Tanzfestival Vogelball sowie das

Uferpark Wilhelmsburg und Rethespeicher (links)

Outdoor-Kunstfestival MS Artville ausgetragen. Einige Kunstinstallationen schmücken Gelände und Uferpark auch über die Festivals hinaus.

Auf den Stufen des **Uferparks** 7, in den wir rechts einschwenken, verweilen wir für einen Moment, um Ruhe und Hamburger Hafengeschichte zu tanken. Gegenüber ragt der **Rethespeicher** empor, erbaut 1937. Lange war er die Kornkammer Hamburgs. Statt Getreide wird darin heute tonnenweise Rohkaffee gelagert.

Frisch aufgesattelt, folgen wir dem Fahrrad-Loop weiter entlang des **Äußeren Veringkanals**, queren selbigen über die **Brücke an der Alten Schleuse** und folgen dem großzügigen Radweg weiter auf der Straße **Schlengendeich** (in seiner Verlängerung Wilmansstraße). An dessen Ende überqueren wir die Georg-Wilhelm-Straße und radeln direkt hinein in die nächste Oase: den **Inselpark** 8. Das 100 Hektar große, vor Grün strotzende Erbe der Internationalen Gartenschau wurde 2013 für die Öffentlichkeit freigegeben. Die Grünanlage lockt mit vielfältig gestalteten Nischen und ist das ganze

Jahr hindurch eine Oase der Ruhe. Vorbei am Mengepark samt Kulturkapelle (linker Hand) und originell angelegten Blumenschiffen, deren ganze Pracht im Frühjahr zu bewundern ist, biegen wir am Rathaus-Teich rechts Richtung Süden in den Inselpark ein.

Genussvoll lassen wir uns durch die Anlage rollen – mal rechts, mal links entlang des Kanals Rathauswettern. Der Inselpark steckt voller Überraschungen. Zu erkunden sind etwa der Wasser speiende Geysir, der magische Garten „Dunst und Nebel“ mit seinen Farnen und Sumpfzypressen oder der Wasserpark „Windflüchter“. Schließlich radeln wir über die hölzerne Brücke zwischen **Kükenbrack** und Mahlbusen, um – nach einem Links-rechts-Manöver – über eine Querverbindung (hier verlief einst die B 75) hinüber in den westlichen Bereich des Inselparks zu kreuzen. Highlights sind auch hier gut ausgeschildert.

Schleckermäulern und Kaffeesüchtigen sei dringend das zur Sommersaison geöffnete **Café Willi Villa** 9

Rosenboulevard im Inselpark Wilhelmsburg

am **Kuckucksteich** ans Herz gelegt. Der breite Holzsteg ist jedoch auch im Herbst und Winter ein wohltuender Ort der Entspannung. Sommers nehmen Paddler von hier aus Kurs auf das Kanal-Labyrinth Wilhelmsburgs. Von hier geht es nordwärts; wir schieben unsere Räder entlang des verträumten, 300 Meter langen **Rosenboulevards** – beidseitig garniert mit kunterbunten Holzhäuschen des Kleingartenvereins.

Staunend (und ein bisschen neidvoll) erblicken wir schließlich die außergewöhnlichen **WaterHouses**, entstanden im Rahmen der Internationalen Bauausstellung. Das Gebäudeensemble bietet dreigeschossige Wohnungen samt schwimmenden Terrassen und Bootsstegen. Gleich gegenüber liegt die edel-optics.de-Arena, in der Basketball-Fans regelmäßig die Hamburg Towers anfeuern. Weiter geradeaus verführt im Frühjahr der wunderschöne Rhododendrongarten zu einem Spaziergang.

Langsam treten wir den Rückweg an, folgen dazu der Straße **Am Inselpark**, auf der an dieser Stelle wieder eine Teilstrecke des Loops verläuft. Nach einer 90-Grad-Rechtskurve überqueren wir die mehrspurige Neuenfelder Straße und folgen dem Loop weiter entlang des Kanals, der im rechten Winkel nach links abknickt. Bald führt der Radweg hinweg über die Dratelnstraße. Nach knapp 200 Metern, vor dem **Bürgerhaus Wilhelmsburg**, gelangen wir an eine Fahrradkreuzung mit mehreren Wegweisern. Hier fächert sich der Loop in eine weitere Teilstrecke auf, die – scharf nach rechts abgebogen – nordwärts Richtung S-Bahn-Station Veddel (BallinStadt) verläuft. Dieser folgen wir für gut 1,5 Kilometer nordwärts. Nach einem kleinen Anstieg überqueren wir den Vogelhüttendeich, passieren die Kanalbrücke (Schlenzigstraße) und sausen danach sogleich rechts den **Honartsdeicher Weg** hinab (unten die linke Gabelung wählen), der uns über gut 1 Kilometer bis zur Veddeler Straße am **Ballinpark** und dem sehenswerten **Auswanderermuseum BallinStadt** (10) geleitet.

*Tor zur Welt: In drei spannend aufbereiteten Gebäuden des **Auswanderermuseums BallinStadt** spüren Besucher den Träumen und Lebenswegen mutiger Auswanderer nach. Namensgeber Albert Ballin (1857–1918) veranlasste einst den Bau der Auswandererhallen auf der Veddel.*

Urban Art am Anleger Argentinienbrücke

Schließlich führt uns die Harburger Chaussee, in die wir links einbiegen, auf den **Klütjenfelder Hauptdeich**. Wir schieben mit den Rädern mitten hinauf, genießen die frische Brise und den Weitblick über den funkelnden **Spreehafen**. Vorbei an schmucken Hausbooten und der Ernst-August-Schleuse am Ende des Deichs biegen wir rechts wieder in den Weg Reiherstieg-Hauptdeich und rollen, entspannt und voller Eindrücke, zurück in Richtung des Alten Elbtunnels. Für diesen bereits bekannten Weg noch ein Tipp: Direkt am (westlichen) Ende der Argentinienbrücke führt scharf rechts ein Weg hinab zum **HVV-Fähranleger Argentinienbrücke ⑪**. Hier verstecken sich nicht nur einige schöne Hamburg-Graffiti. Wer mag, löst ein Fährticket und schippert samt Drahtesel mit der Linie 73 (möglich montags bis freitags) auf dem Wasserweg zurück zu den Landungsbrücken. Dort angekommen, fehlt nur noch eines: ein knackig-frisches Fischbrötchen, genossen auf einem Hafenpoller der **Brücke 10 ⑫**!

Norderelbe
Hafen-City
Steinwerder
Fährkanal
Kuhwerder Hafen
Reiherdamm
Kaiser-Wilhelm-Hafen
Kleiner Grasbrook
Ellerholzbrücke
Veddeler Damm
Hansahafen
Saalehafen
Veddelkanal
Oderhafen
Travehafen
Roßdamm
Spreehafen
Berliner Ufer
Harburger Chaussee
Hafenrandstraße
Vogelhüttendeich
Ernst-August-Kanal
Honartsdeicher Weg
Reiherstieg-Hauptdeich
Veringkanal
Neuhöfer Straße
Aßmannkanal
Jaffe-Davids-Kanal
Wilhelmsburger Dove-Elbe
Elbinsel-quartier
Rotenhäuser Straße
Bei der Wollkämmerei
Alte Schleuse
Rethe
Georg-Wilhelm-Straße
Mengestraße
Neuenfelder Straße
Wilhelmsburg
Hauland
Wilhelms-burger Inselpark
Reiherstieg

Alles auf einen Blick

WIE & WANN:
Überwiegend Asphalt und befestigte Sandwege (im Inselpark), nur wenige Abschnitte mit Autoverkehr, durchgängig Radwege. Ganzjährig befahrbar, kombinierbar mit der Fähre (Argentinienbrücke-Landungsbrücken).

HIN & WEG:
Auto: Parkplatz Strand Pauli – St. Pauli, Hafenstraße 89, 20359 Hamburg (GPS: 53.546307, 9.961547)
ÖPNV: S-/U-Bahn-Station Landungsbrücken (Aufzüge vorhanden); HADAG-Hafenfähren mit Stopp Landungsbrücken: Linien 61, 62, 72, 73, 75

ESSEN & ENTSPANNEN:
Fischbrötchencontainer Brücke 10 ❷ Bornsteinplatz/Am Alten Elbtunnel, 21079 Hamburg, Tel. (0 40) 33 39 93 39, www.bruecke10.com
Café Pause in der Honigfabrik ❹ Industriestraße 125, 21079 Hamburg, Tel. (0 40) 42 10 39 13
vju im Energiebunker ❺ Neuhöfer Straße 7, 21107 Hamburg, www.vjuimenergiebunker.de
Willi Villa ❾ im Wilhelmsburger Inselpark, Kuckucksteich, Hauland 81, 21109 Hamburg, Tel. (01 63) 6 79 30 46, www.willivilla.de
Brücke 10 ⓬ an den Landungsbrücken, 20359 Hamburg, Tel. (0 40) 33 39 93 39, bruecke10.com

ENTDECKEN & ERLEBEN:
Alter Elbtunnel ❶
Honigfabrik Kommunikationszentrum Wilhelmsburg ❸ Industriestraße 125–131, 21107 Hamburg, Tel. (0 40) 4 21 03 90, jim.honigfabrik.de
MS Dockville ❻ Alte Schleuse, 21107 Hamburg, www.msdockville.de
Uferpark Wilhelmsburg ❼ **Inselpark Wilhelmsburg** ❽
Auswanderermuseum BallinStadt ❿ Veddeler Bogen 2, 20539 Hamburg, Tel. (0 40) 31 97 91 60, www.ballinstadt.de
HVV-Fähranleger Argentinienbrücke ⓫ mit HVV-Fähre 73

Entspannung ★★★★☆
Genuss ★★★★☆
Romantik ★★★☆☆

Auf dem Stormarner BahnRadWeg

* 33 Kilometer
* 245 Höhenmeter
* 4 Stunden
* Rundtour

Los geht es an der U-Bahn-Station Schmalenbeck in Großhansdorf. Diese im Rücken, fahren wir rechts den Ahrensfelder Weg bis zum Ende hinunter, um links auf den Radweg der **Ahrensburger Redder** abzuzweigen. Dieser mündet bald in einen Kreisverkehr. Hier geht es rechts in die Dorfstraße und so gelangen wir direkt zur nächsten großen Kreuzung. Über sie hinweggefahren, folgen wir gleich links der Beschilderung Richtung Meilsdorf (und Trittau). Zunächst verläuft ein Radweg parallel zur Ahrensburger Redder (die Straße heißt hier ebenfalls so); anschließend radeln wir auf der Straße. Sie ist gesäumt von schützenden Knicks und Getreidefeldern; ein Storchenpaar stakst über ein Stoppelfeld.

Nach etwa 2 Kilometern ist das Dörfchen **Meilsdorf** erreicht. Der Dorfstraße folgend, lockt linker Hand der gut bestückte **Hofladen Menzel** (1). Ob frische Milch vom Hof oder saisonales Gemüse benachbarter Landwirtschaftsbetriebe: Wir füllen unsere Satteltasche mit Marmelade und Zuckermais. Die Dorfstraße schlängelt sich weiter durch den lang gestreckten Ort, führt schließlich in eine scharfe Rechtskurve und heißt von hier an Drift. Am Ende dieser Straße gelangen wir nach einem Rechts-links-Manöver über die Alte Landstraße in ihrer Verlängerung auf den **Meilsdorfer Damm**, gesäumt von Eichen. Nach gut 1 Kilometer treffen wir auf die L 92. Dieser Landstraße folgen wir nach links und radeln bei freier Fahrt entlang Feldern bis zur nächsten Kreuzung mit einem markanten Bushäuschen.

!

Die Strecke der 1907 eröffneten ***Südstormarnschen Kreisbahn*** *wurde bereits 1952 stillgelegt und 1960 in einen Radweg ausgebaut. Die Route C führt von Trittau nach Glinde. Über die Trassen wurden einst landwirtschaftliche Produkte transportiert und Personen befördert.*

Seen in Sicht

Grüner Tunnel zum Großensee

Hinter diesem verläuft kreuzend die Route C der **Stormarner BahnRadWege** ②. Wir queren die L 92 nach links und starten in einen der schönsten Tourenabschnitte unserer Seenrundtour.

Auf herrlich glattem Asphalt, fern jeglichen Autoverkehrs, rollen wir durch einen „grünen Tunnel“. Von beiden Seiten spannen knorrige Eichen ihre Äste bogengleich über den schnurgeraden Weg. Für 7 Kilometer – samt Querung der Alten Landstraße – gleiten wir sorglos dahin.

Auf den letzten Kilometern, kurz vor **Lütjensee**, führt die Strecke durch ein märchenhaftes Waldgebiet. Schließlich kreuzen wir die Hamburger Straße und fahren danach für weitere 500 Meter auf dem Bahnradweg. Dann ist rechter Hand eine **große Kastanie** erreicht, die an einer Hofeinfahrt mit einem alten Holzschuppen verwachsen zu sein scheint. Dort radeln wir nach links und es geht abermals links auf die parallel verlaufende Straße Am See. Diese radeln wir

Hofladen Menzel in Meilsdorf

Lütjensee

kurz in die entgegengesetzte Richtung des Bahnradwegs, bis die Straße nach rechts in Richtung des **Lütjensees** führt. Ein wunderbarer Pausenstopp ist bereits ausgeschildert: die **Fischerklause am Lütjensee** ③. Während das Restaurant für seinen hausgeräucherten Aal und die Wiener Schnitzel legendär ist, bietet das dazugehörige **Bootshaus** mit schöner Seeterrasse leckere Snacks für hungrige Radler: In der erfrischenden Atmosphäre direkt am See genießen Gäste Flamm- oder Blechkuchen, Kaffee oder hausgemachtes Eis.

Gestärkt schwingen wir uns in die Pedale, folgen dem bereits bekannten Waldweg Am See zurück bis

!

*Wer mag, kann den **Lütjensee** mit dem Rad umrunden. An seiner Nordseite liegt eine schöne Badestelle mit kleinem Strand. Allerdings radelt man auf dem Rundweg nicht mit direktem Seeblick, dafür durch schöne Waldabschnitte und durch Wohnsiedlungen.*

Für die Seele

Der herrliche Bahnradweg lässt uns entlang Wiesen und durch Wälder gleiten – bis mitten hinein in die blau glitzernden Oasen der Drei-See(le)n-Gemeinde.

Badestelle am Mönchsteich

zum Bahnradweg und radeln – ab der Kastanie – etwa rund 100 Meter weiter. An einer Straßenlaterne (links) biegen wir nun zwischen zwei unscheinbaren Jägerzäunen rechts in einen kurzen Pfad ein. Es ist die Durchfahrt zur parallel verlaufenden Trittauer Straße. Im Zickzackmanöver geht es rechts und sogleich links in den **Heideweg**. Dieser führt uns, bald den Strandweg querend, weiter südwärts zum **Mönchteich**. (Das Sackgassenschild können wir ignorieren.) Der Mönchteich, gespeist durch den Großensee, empfängt uns mit üppig bewachsenen Ufern. Es grünt und sprießt, zwitschert und raschelt entlang des Weges an der Uferlinie. Knorrige Bäume tauchen ihre tief hängenden Äste in den flachen See, der zwischendrin an einer kleinen Badestelle zur Abkühlung lädt. (Vorsicht beim Baden wegen vieler Schlingpflanzen!)

Am östlichen Endpunkt des Pfades führt der Weg zurück auf die **Trittauer Straße**. Zwar fahren wir auf ein verschlossenes, grünes Metallgatter zu; über eine permanente Öffnung rechts der Pforte gelangen wir jedoch leicht heraus, überqueren die Straße und radeln rechtsherum auf dem Radweg südwärts, um nach nur wenigen Hundert Metern rechts in **Zum Mönchsteich** abzuzweigen. Theoretisch können wir dem Waldweg bis zum Seeufer hinab folgen, jedoch ist der Weg streckenweise sehr unwegsam. Wir wählen daher den breiten, gut befahrbaren Waldweg, der zu Beginn links des Weges Zum Mönchsteich abzweigt. Wir kosten die freie Fahrt durch den würzig duftenden Wald ausgiebig aus. Wie ein grüner Teppich breitet sich dichter

Farn über Waldboden und Wegesrand aus. Nach rund 650 Metern zweigen wir rechts ab, um den Mönchsteich südlich zu umfahren. Nach knapp 1,5 weiteren Waldkilometern ist der Großensee bereits in Reichweite.

Bevor wir das bei Hamburgern beliebte Badegewässer näher erkunden, biegen wir direkt nach der Überquerung der dahinplätschernden Stenzelbek scharf rechts auf das (ausgeschilderte) Terrain der **Freizeitanlage Schleushörn** ❹, die neben dem **Restaurant Café Hotel Schleushörn** ❺ auch eine Reitschule, Tennisplätze und eine kreativ gestaltete **Abenteuergolf-Anlage** nebst Kiosk bietet. Zu Letzterer führt uns der kurze Pfad an der Stenzelbek. Mit einem Eis am Stiel gönnen wir uns eine entspannte Pause an den rustikalen Picknickbänken und beobachten Ausflügler beim Minigolfspiel.

Von hier geht es zurück zum Uferweg am **Großensee**, in den wir rechts abzweigen und uns nach 100 Metern am breiten Naturstrand **Nordstrand** ❻

Nordstrand am Großensee

Nordstrand

wiederfinden. Unter schützenden Eichenkronen breiten Badegäste ihre Picknickdecken aus.

Anschließend radeln wir zurück auf den bereits bekannten Uferweg. Stets am Wasser entlang, locken immer wieder kleine, versteckte Badestellen zum Sprung ins erfrischende Nass. Nach 1 Kilometer stoßen wir auf eine T-Kreuzung (an einem Erdwall). Hier schwenken wir nach rechts und biegen sogleich wieder links in den Waldweg. Diesen breiten, gut befestigten Sandweg genießen wir für weitere 1,5 Kilometer. So gelangen wir an den südlichsten Punkt des Großensees, zum **Freibad Südstrand** 7.

Wir verbleiben auf dem Pfad, der südlich rund um den Großensee führt, und halten uns stets rechts, sodass wir auch das **Restaurant Piccolino** 8 passieren. Auf einem schmalen Sandweg geht es nordwärts. Dabei nähern wir uns dem charmanten, alten Großenseer Ortskern und biegen bei nächster Gelegenheit rechts in die

Historisches Scheunentor in Großensee

Restaurant und Hotel Alte Schule in Siek

„Ein Leben ohne Freude ist wie eine weite Reise ohne Gasthaus", lautet ein Zitat von Demokrit. Es entspricht der Philosophie des ***Restaurants Alte Schule****. Wie wäre es, den Tag bei einem Abendessen à la carte in der „Alten Schule" ausklingen zu lassen?*

Fritz-Berodt-Straße ab. Nach etwa 150 Metern auf Kopfsteinpflaster führt diese auf ein großes Scheunentor zu. Hier lenken wir links auf die Straße Am Soll. Entlang eines kleinen Dorfteichs lotst uns ein Abzweiger (über die Fritz-Berodt-Straße) nach rechts auf die **Lütjenseer Straße**. Jener folgen wir rechtsherum Richtung Norden. Über Getreidefelder hinweg genießt man von hier abschließend einen herrlichen Panoramablick auf die sanft hügelige Wald- und Seenlandschaft.

Bald stoßen wir auf eine Kreuzung samt Verkehrsinsel und queren die Sieker Straße, um dem Radweg nach links zu folgen. 2,5 Kilometer führt dieser entlang von Wiesen und Feldern, bis wir an einen Verkehrskreisel gelangen. Geradeaus über diesen hinweg, kommen wir erneut in den Genuss des uns bekannten **Marschbahnradwegs**. Links abzweigend, radeln wir jetzt in die umgekehrte Richtung. Um zurück auf Start zu gelangen, wählen wir dieses Mal den Weg durch das hübsche Dörfchen **Siek**. Nach rund 1 Kilometer des geschmeidigen Dahinrollens kreuzt der Radweg – an einem Vorfahrt gewähren Schild – einen Plattenweg. Nach rechts eingebogen, folgen wir dem Papendorfer Weg bis zu seinem Ende und fahren im Rechts-links-Manöver weiter auf der Hauptstraße durch Siek. So gelangen wir zum **Restaurant und Hotel Alte Schule** 9, radeln vorbei an der **Friedenskirche** und weiter durch das Dörfchen, bis wir auf die L 224 treffen.

Wir überqueren die L 224 an der Ampelkreuzung und folgen ihr für eine kurze Strecke nach links (Westen). Sogleich zweigen wir rechts in die Sieker Landstraße ab, welche uns zurück durch Großhansdorf dirigiert. Um zurück zur **U-Bahn-Station Schmalenbeck** zu gelangen, biegen wir nach knapp 2 Kilometern links in den Ahrensfelder Weg ein. Erquickt und erfrischt rauschen wir auf Gleisen zurück in die Stadt.

Kreative Sieker haben eine alte Telefonzelle in eine kunterbunt bemalte ***„Bücherzelle"*** *verwandelt. Ein jeder darf sich der Lektüre bedienen und im Tausch ein eigenes, ausgelesenes Buch beisteuern.*

Friedenskirche Siek

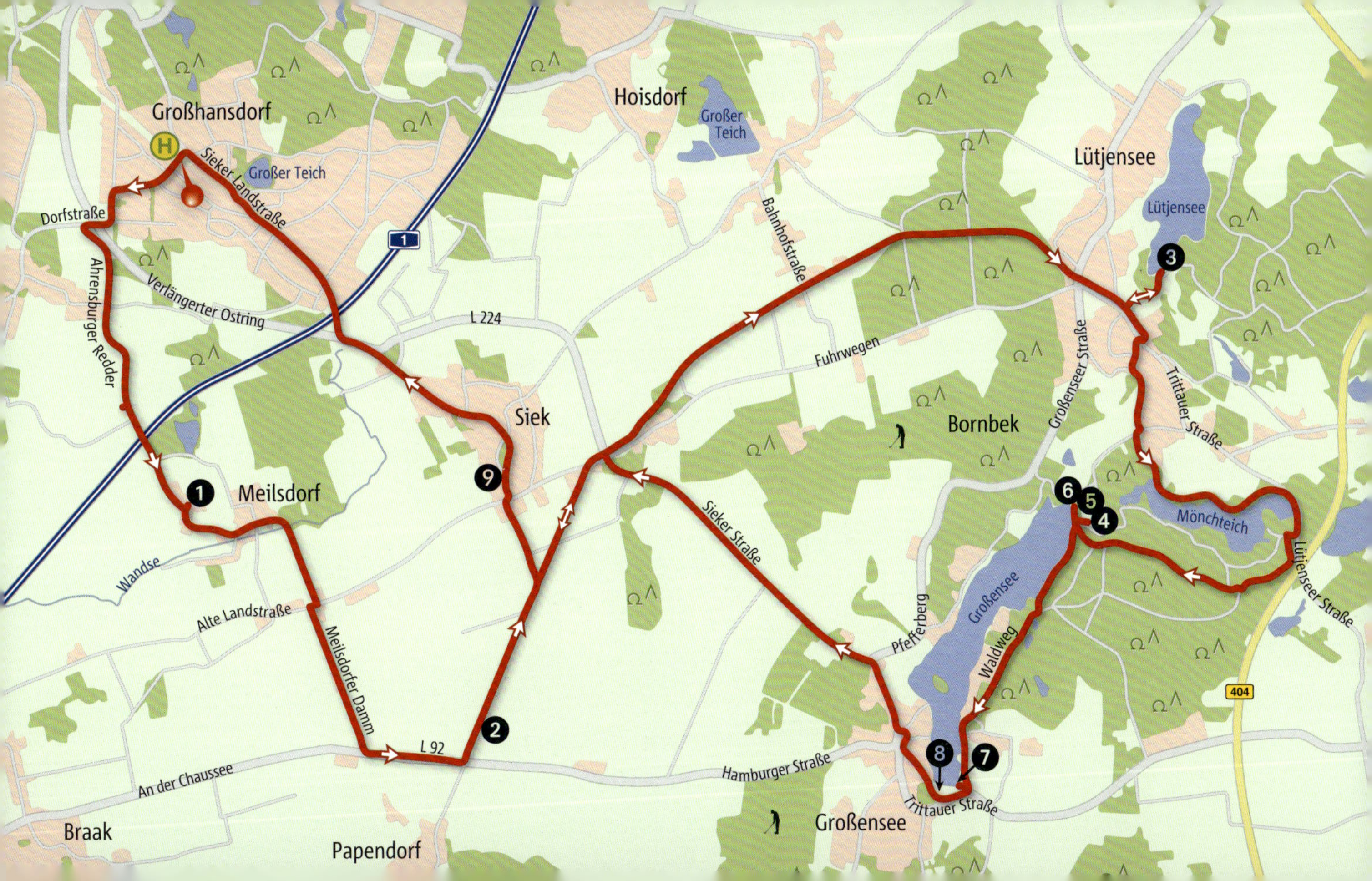
Großhansdorf
Hoisdorf
Lütjensee
Großer Teich
Sieker Landstraße
Dorfstraße
Ahrensburger Redder
Verlängerter Ostring
L 224
Bahnhofstraße
Fuhrwegen
Großenseer Straße
Trittauer Straße
Lütjensee
Siek
Bornbek
Meilsdorf
Mönchteich
Lütjenseer Straße
Wandse
Sieker Straße
Alte Landstraße
Meilsdorfer Damm
Pfefferberg
Großensee
Waldweg
404
L 92
An der Chaussee
Hamburger Straße
Trittauer Straße
Braak
Papendorf
Großensee
1
2
3
4
5
6
7
8
9

Alles auf einen Blick

WIE & WANN:

Rund um die Seen überwiegend Sandwege. Die Strecke ist ganzjährig befahrbar; nach längeren Regenfällen meiden. Im Frühling, Herbst und an heißen Sommertagen am schönsten.

HIN & WEG:

Auto: Parkmöglichkeiten um die U-Bahn-Station Schmalenbeck, Ahrensfelder Weg 3, 22927 Großhansdorf (GPS: 53.653591, 10.261526)
ÖPNV: U-Bahn-Station Schmalenbeck, Aufzug vorhanden

ESSEN & ENTSPANNEN:

Fischerklause am Lütjensee ❸ Am See 1, 22952 Lütjensee, Tel. (0 41 54) 79 22 00, www.fischerklause-luetjensee.de
Restaurant Café Hotel Schleushörn ❺ Strandweg 51, 22952 Lütjensee, Tel. (0 41 54) 77 55, www.schleushoern.de
Restaurant Piccolino ❽ Trittauer Straße 19, 22946 Großensee, Tel. (0 41 54) 8 42 56 78, www.piccolino-grossensee.de
Restaurant und Hotel Alte Schule ❾ Hauptstraße 44, 22962 Siek, Tel. (0 41 07) 87 73 10, www.alte-schule-siek.de (vorher reservieren)

ENTDECKEN & ERLEBEN:

Hofladen Menzel ❶ Dorfstraße 52, 22962 Siek, Tel. (01 79) 4 29 25 93, www.menzel-meilsdorf.de
Stormarner BahnRadWeg ❷
Freizeitanlage Schleushörn ❹ Strandweg 51, 22952 Lütjensee, Tel. (0 41 54) 79 33 30, www.abenteuergolf-luetjensee.de
Nordstrand am Großensee ❻
Freibad Südstrand ❼

Entspannung ✱✱✱✱✱
Genuss ✱✱✱✱
Romantik ✱✱✱✱

Alster und Isebekkanal an der Heilwigbrücke

* 43 Kilometer
* 346 Höhenmeter
* 5 Stunden
* Strecke

Am **Jungfernstieg** startend, radeln wir über Neuer Jungfernstieg westlich um die Binnenalster im Herzen der Stadt. Bereits hier befinden wir uns auf dem **Alsterwanderweg**, dem wir für die nächsten 23 Kilometer die Treue halten werden. Vorbei am Fairmont Hotel Vier Jahreszeiten rollen wir bald rechts den Sandweg herunter, um die Lombards- und Kennedybrücke durch den Rad-/Fußgängertunnel zu unterqueren. Zuvor kosten wir den malerischen Blick auf Hamburgs Architektur-Ensemble rund um die Binnenalster aus.

Auf dem Weg Alsterufer geht es weiter nordwärts. Ab **Bodo's Bootssteg** ❶ geht es weiter auf dem Harvestehuder Weg, einer breiten, großzügigen Fahrradstraße, während der Wind weiße Segel über die Außenalster schiebt. An einer Ampelkreuzung zweigen wir rechts auf die Straße Krugkoppel ab. Doch bevor wir direkt nach dem Queren der Krugkoppelbrücke links in den **Leinpfad** einbiegen, genießen wir abermals dieses herrliche Alsterpanorama – ein Augenschmaus: Ausflügler paddeln, rudern und segeln über das tiefblau leuchtende Heimatrevier.

Auf dem Leinpfad folgen wir für rund 6 Kilometer dem Alsterlauf Richtung Ohlsdorf. Entlang dieser Fahrradstraße passieren wir auch das **Café par ici!** ❷.

Schon bald kreuzen wir die Hudtwalckerstraße und lassen uns den **Winterhuder Kai** hinabrollen. Der Weg leitet uns – nach einer scharfen Rechtskurve – links auf die **Bebelallee**; dieser folgen wir für etwa 350 Meter, um an der Ampelkreuzung wiederum links

Um ihre unverheirateten Töchter zu präsentieren, flanierten einst allsonntäglich Familien entlang der Binnenalster. So wurde der einstige Reesedamm erst zum Stieg der Jungfern und schließlich zum ***Jungfernstieg****.*

Gaumenfreuden locken im ***Café par ici!*** *Das charmante Café ist bekannt für seine frisch zubereiteten, süßen und pikanten Tartes. Mit ihnen füllen wir unsere Satteltaschen – das „Savoir-vivre" kommt mit ins Gepäck.*

Alstervergnügen

Vom Jungfernstieg bis Ahrensburg

über den Weg Meenkwiese zurück zur Alster zu gelangen. An einem Spielplatz führt der Radweg rechter Hand wieder zurück direkt an die Alster. Mondäne Villengrundstücke zieren die Wasserader fernab des Stadttrubels. Im Verlauf kreuzt der Radweg die Hindenburg- und Sengelmannbrücke; hier schieben wir die Räder auf einer schmalen Radrampe die Steintreppen hinauf.

In Ohlsdorf angelangt, radeln wir auf eine T-Kreuzung zu. Halten wir uns rechts, fahren wir – links abbiegend – über Im Grünen Grunde und nochmals links über Am Hasenberge auf die **Fuhlsbüttler Schleuse** zu. (Fährt man an der T-Kreuzung links direkt am Wasser weiter, muss eine Steintreppe ohne Radrampe überwunden werden.)

Von der Schleuse führt der Justus-Strandes-Weg zurück auf den Alsterwanderweg, den wir, den Ratsmühlendamm unterquerend, weiter in vollen Zügen genießen. Immer verwunschener wirken die üppig

Alsterblick von der Krugkoppelbrücke

Alster mit Brückenprüferschiff

bewachsenen Ufer, während ein schützendes Blätterdach den Weg überspannt. Weiden tunken Äste und Zweige in die Alster, welche – einem Spiegel gleich – die Fülle der Natur zu verdoppeln scheint. Zum Ende des **Teetzparks** kreuzt der Pfad über die **Iliesbrücke** auf die linke Alsterseite, um nach rund 500 Metern – über eine hölzerne Brücke – wieder nach rechts zu schwenken.

Nach gut 1,5 Kilometern führt uns die Alster zu einem weiteren Kleinod. Gegenüber einer Parkbank mit Aussicht auf den Fluss öffnet sich rechts ein schmaler Weg mit einem weißen, verblassten Hinweisschild auf das Herrenhaus. Diesen Weg hinaufgeradelt, finden wir uns am weißen, strahlenden alten

Für die Seele

Entlang blau-grüner Ufer gleiten wir dahin. Wir lauschen der Waldesruh und frönen dem Radelgenuss bis zum krönenden Abschluss am Ahrensburger Schloss.

Herrenhaus des Guts Wellingsbüttel wieder. Einst residierten hier Erzbischöfe und Könige. Heute ist hier das Seniorenheim Alsterdomizil beheimatet. Gegenüber öffnet sich der Blick auf das historische **Torhaus Wellingsbüttel** ❸. Das denkmalgeschützte Gebäude im Fachwerkstil beherbergt auch das **Alstertal-Museum**. Wir schieben durch Park und Tor. Auf der anderen Seite des Torhauses führen Wege zurück zum Alsterwanderweg.

Für weitere rund 2,5 Kilometer – zwischendrin auch entlang der linken Uferseite – folgen wir dem gemächlich dahinplätschernden Fluss durch den naturgeschützten, urbanen Dschungel des Alstertals. So üppig strotzt das Grün, dass wir die nächste Sehenswürdigkeit fast übersehen: Märchenhaft unter Ahornbäumen verborgen liegt das **Alsterschlösschen Burg Henneberg** ❹. Um dorthin zu gelangen, kreuzen wir über die Brücke der Poppenbütteler Schleuse und radeln, das Café-Restaurant **The Locks** ❺ passierend, rechts den schmalen Pfad hinauf. Dort thront stolz die zauberhafte Miniaturburg samt Rapunzel-Balkon. Fertiggestellt 1887 von den Hamburger Gutsbesitzern Henneberg, ist das Schmuckstück ein Nachbau der gleichnamigen Burg in Thüringen – allerdings im Maßstab 1:4.

*Nur 29 Quadratmeter misst der **Rittersaal** des Alsterschlösschens. Umso intimer ist die Atmosphäre bei Konzerten, Lesungen oder Theateraufführungen, die hier stattfinden. Bei Kulturveranstaltungen ist auch die Parkanlage für die Öffentlichkeit zugänglich.*

Zurück auf dem Alsterwanderweg radeln wir rechts vorbei am Schleusenteich, bis die nächste Brücke uns auf die linke Uferseite und damit weiter durch den **Hennebergpark** leitet. Stets am Ufer der Alster rollen wir nun in den Hohenbuchenpark. An der Weggabelung können wir den rechten oder mittleren Pfad wählen – und stehen bald vor der nächsten Alsterbrücke. Über sie hinweg wählen wir an der Gabelung den linken Weg, welcher uns – einen Hügel hinauf – zur rauschenden **Mellingburger Schleuse** geleitet. Direkt an dieser gelegen verwöhnt der historische, reetgedeckte Gasthof im **Kleinhuis Hotel Mellingburger Schleuse** ❻ Ausflügler mit Süßem und Herzhaftem. Nach über

Torhaus Wellingsbüttel

Biergarten am Gasthof Mellingburger Schleuse

20 Radkilometern ist die erfrischende Oase unter 100-jährigen Baumriesen perfekt für eine ausgiebige Rast. Ein Alsterwasser, bitte!

Nach der Schleusenbrücke halten wir uns rechts und fahren (oder schieben) den ansteigenden Mellingstedter Stieg hinauf, um an der T-Kreuzung rechts in den Weg Treudelberg abzuzweigen, der uns wieder nah an die Alster führt. Dieser folgen wir weiter. Über die Twietenkoppelbrücke gelangen wir zurück ans rechte Alsterufer. Hier schieben wir die breite Fahrradrampe hinauf und zweigen links in die Straße Kortenland ab. Dieser folgen wir – uns stets links haltend –, bis wir automatisch wieder in den Genuss des Alsterwanderwegs kommen.

Nach einem Anstieg, über die Straße Trillup hinweg, stoßen wir auf die Rodenbeker Straße und radeln hinein ins **Rodenbeker Quellental 7**. Am **Gasthaus Quellenhof 8** vorbei geht es über eine kleine Holzbrücke direkt in das verwunschene Naturschutzgebiet. Stieleichen und Buchen, Moor- und Hängebirken haben hier tiefe Wurzeln schlagen können. Eisenhaltiges Quellwasser gurgelt im Bächlein, fließt in Rinnsalen durch die Heimat von Moorfrosch, Wasseramsel oder Zaunkönig. Rund 40 Vogelarten brüten hier. Es lohnt, innezuhalten und die zauberhaften Klänge der Natur auf sich wirken zu lassen.

In nordöstlicher Richtung durchmessen wir das Quellental der Länge nach und verbleiben im großen Rechtsbogen auf dem Weg Haselknick. An der T-Kreuzung zweigen wir links in die Bredenbekstraße ab und biegen bald rechts auf Timms Hege ab. Nach

350 Metern geht es linker Hand in den Weg **Kupferredder**. Dichte, jahrhundertealte Bäume spenden auf den nächsten Kilometern durch den **Wohldorfer Wald** 9 Schatten und wunderbar würzige Waldluft. Es ist Hamburgs größter zusammenhängender Laubwald und das älteste Forstrevier der Stadt. In diesem eiszeitlich geprägten, hügeligen Erholungsbiet gedeihen nicht nur Eiche, Esche und Ahorn – auch Fischotter und Fledermaus sind hier zu Hause.

*Über die **Fischtreppe** am Mühlenteich können Rotaugen, Flussbarsch & Co. geschickt einen Höhenunterschied von 2,60 Meter überbrücken. In den zahlreichen, stufenartig angelegten Seitenkammern der Gerinne können sich die Fische auf diesem Weg ausruhen.*

Um diesen „Zauberwald" zu erkunden, zweigen wir am Mehlhopweg links in selbigen ab und biegen an der nächsten Weg-Auffächerung scharf rechts in den schnurgeraden Senatorenstieg. Nach 1 Kilometer, kurz vor einer hölzernen Brücke, radeln wir – nach links abzweigend – entlang des südlichen Ufers des Ammersbeker **Mühlenteichs**. An der baldigen T-Kreuzung fahren wir rechts auf den Weg Mühlenredder. Vorbei an der Wohldorfer Kornmühle und der **Fischtreppe** 10 steuern wir auf das **Café Die Mühle** 11 zu.

Fischtreppe am Wohldorfer Wald

Hier geht es rechts auf der Herrenhausallee weiter, entlang des mit Seerosen garnierten Mühlenteichs, um schließlich – rechter Hand – dem Weg Holländerberg zu folgen. Er mündet nach 200 Metern, vorbei am **Wohldorfer Herrenhaus**, in den Auewanderweg.

Entspannt radeln wir bald auf die Straße Schünenkoppel zu, zweigen rechts auf sie ab und folgen ihr bis zur Kreuzung mit auffällig hübschen Fachwerkhäusern. Wer an der Kreuzung links in die Herren-

Kajakfahrer auf der Alster

*Am **Duvenstedter Brook-Hus** finden sich viele Infotafeln zur Flora und Fauna des entdeckenswerten Naturschutzgebietes samt schönen Radrundwegen.*

hausallee abzweigt und geradeaus dem Weberstieg folgt, gelangt direkt zum **Duvenstedter BrookHus** (12) des NABU.

Die Herrenhausallee geradeaus überquert, geht es auf dem **Brügkamp** weiter. Dieser Abschnitt verströmt dörfliche Idylle mit Ausblicken auf Wald und Wiesen sowie manch muhende Kuh. Kurz nach dem Hinweisschild zum Duvenstedter Brook zweigen wir rechts in die Straße **Ole Boomgaarden** ab, um zurück in den Wald zu radeln. Den Waldfriedhof Wohldorf passierend, halten wir uns an folgenden Weggabelungen stets links und biegen an der T-Kreuzung links auf den Pfad **Kremperhege** ab. Damit verlassen wir den Wald in Richtung Hoisbüttel/Ammersbek.

Im Zickzack zweigen wir erst rechts in den Mühlenbrock und bald links auf die Ohlstedter Straße. Kornähren wiegen sich in der lauen Sommerbrise, während eine schöne Lindenallee den Weg nach Hoisbüttel weist. Erneut im Zickzackkurs zweigen wir zunächst rechts in die Lübecker Straße und bei übernächster Gelegenheit links in den **Wulfsdorfer Weg** ein. Über diesen erreichen wir nach einem guten Kilometer die Reitanlage Bredenbeker Teich. An der Kreuzung links abgebogen, fahren wir auf den großen, gelben Schriftzug „**Bredenbeker Teich**" an der Umzäunung des Gewässers zu.

Dort radeln wir rechts in eine schöne Allee und halten uns stets links, sodass uns der Teich zu unserer Linken begleitet. Nach 800 Metern naht eine Weggabelung. Hier rollen wir den Radweg einen Hügel hinauf, um dort einen neuen Lieblingsplatz zu entdecken: Auf der Anhöhe lädt eine **Holzbank unter einer knorrigen alten Eiche** ⑬ zur besinnlichen Rast. Eine friedvolle Stille umgibt diesen Ort. Für einige kostbare Minuten genießen wir den Ausblick über sanft gewellte Getreidefelder, gespickt mit Kornblumen, bevor es wieder hinabgeht – und wir rechts dem Pfad entlang des Natursees folgen.

Blick vom Rastplatz an der knorrigen Eiche

Erlengrund

An der nächsten Weggabelung zweigen wir links ab und stoßen kurz darauf auf den Wulfsdorfer Weg. Diesen überqueren wir und lassen uns schräg links in den Pfad **Erlengrund** hinabrollen. Farne und Gräser bedecken seinen sumpfigen Boden, Erlen und Birken ragen mystisch empor. Bei der nächsten Gabelung fahren wir links in den Schreberweg und verlassen (an der Weggabelung mit einem Stein in der Mitte) scharf rechts über den Weg Am Jüdischen Friedhof den Wald. Auf Höhe eines Eselstalls geht es links auf den Weg Kattensteert und sogleich rechts auf einem Pfad namens Pferdekoppel weiter.

Zwischen Weiden und Wohngrundstücken radeln wir nun Richtung Rantzaustraße. Quer durch das Grünstück gefahren, überqueren wir den Waldemar-Bonsels-Weg und zweigen direkt rechts in den Querweg ab. Nun biegen wir links in den Weg **Katzenbuckel** ab. Auf der großzügig ausgebauten Veloroute Richtung Schloss rollen wir durch das südliche Ahrensburg. Über den Wulfsdorfer Weg hinweg zweigen wir sanft rechts in die Friedrich-Hebbel-Straße ab und folgen der Allee. Bald kreuzen wir über die Stormarnstraße und radeln weiter auf dem Radweg, der parallel zur Friedensallee verläuft. Dieser trifft auf die Straße Mühlenredder, die uns – weiter westwärts – zum märchenhaften Finale der Radtour geleitet: dem **Ahrensburger Schloss** (14).

Nach einer Besichtigung durchradeln wir die Grünanlage gen Süden, die Lübecker Straße unterquerend, vorbei am Kriegerdenkmal, bis wir dem Radweg parallel zur Bahntrasse folgen, welche in die Straße Woldenhorn übergeht. Schon bald ist der Bahnhof Ahrensburg erreicht. Zum Abschluss lohnt ein kleiner Bummel durchs beschauliche Zentrum.

Schloss Ahrensburg

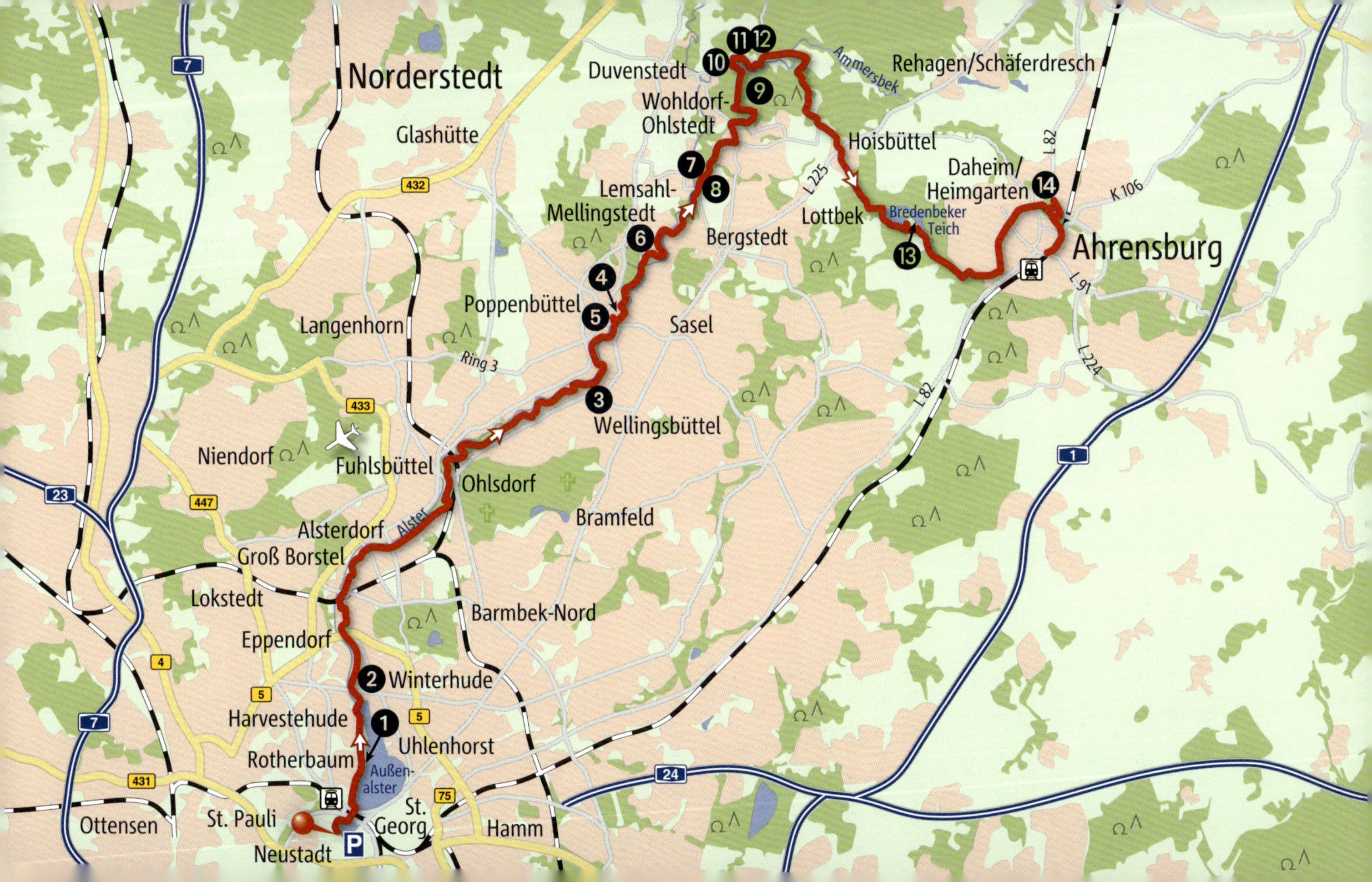

Norderstedt
Glashütte
Duvenstedt
Wohldorf-
Ohlstedt
Rehagen/Schäferdresch
Ammersbek
Hoisbüttel
Daheim/
Heimgarten
Lemsahl-
Mellingstedt
Bergstedt
Lottbek
Bredenbeker
Teich
Ahrensburg
Poppenbüttel
Sasel
Langenhorn
Ring 3
Wellingsbüttel
Niendorf
Fuhlsbüttel
Ohlsdorf
Bramfeld
Alsterdorf
Alster
Groß Borstel
Lokstedt
Barmbek-Nord
Eppendorf
Winterhude
Harvestehude
Uhlenhorst
Rotherbaum
Außen-
alster
St. Pauli
St.
Georg
Hamm
Ottensen
Neustadt
432
433
447
431
75
L 225
L 82
K 106
L 91
L 224

Alles auf einen Blick

WIE & WANN:
Fast ausschließlich Sand-, Wald- oder Schotterwege. Ideal an heißen Sommertagen, nach Regenphasen ist die Strecke weniger geeignet.

HIN & WEG:
Auto: Parkgaragen rund um den Jungfernstieg, etwa Europa Passage, Hermannstraße 11, 20095 Hamburg (GPS: 53.552355, 9.997150)
ÖPNV: S-/U-Bahn Jungfernstieg (U1 mit Aufzug); ab Bahnhof Ahrensburg (Aufzug vorhanden) fahren regelmäßig Regionalbahnen zurück ins Zentrum.

ESSEN & ENTSPANNEN:
Café Bodo's Bootssteg ❶ Harvestehuder Weg 1 B, 20148 Hamburg, Tel. (0 40) 4 10 35 25
Café par ici! ❷ Maria-Louisen-Straße 1, 22301 Hamburg, Tel. (0 40) 36 16 08 17, www.parici.de
The Locks ❺ Marienhof 6, 22399 Hamburg, Tel. (0 40) 6 11 66 00, www.the-locks.de
Kleinhuis Hotel Mellingburger Schleuse ❻ Mellingburgredder 1, 22395 Hamburg, Tel. (0 40) 61 13 91 50, www.mellingburgerschleuse.de
Gasthaus Quellenhof ❽ Naturschutzgebiet Rodenbeker Quellental, Rodenbeker Straße 126, 22395 Hamburg, Tel. (0 40) 6 04 92 28, www.quellenhof.hamburg
Die Mühle in Wohldorf ⓫ Mühlenredder 38, 22397 Hamburg, Tel. (0 40) 6 07 66 50, www.die-muehle-hamburg.de

ENTDECKEN & ERLEBEN:
Torhaus Wellingsbüttel mit Alstertal-Museum ❸ Wellingsbüttler Weg 75 a, 22391 Hamburg, Tel. (0 40) 5 36 66 79, www.alsterverein.de
Alsterschlösschen Burg Henneberg ❹ **Rodenbecker Quellental** ❼
Wohldorfer Wald ❾ **Fischtreppe Ammersbek** ❿
Duvenstedter BrookHus ⓬ **Aussichtsbank an der knorrigen alten Eiche** ⓭
Schloss Ahrensburg ⓮

Entspannung ✱✱✱✱✱
Genuss ✱✱✱✱✱
Romantik ✱✱✱✱✱

Bille-Brücke

An unserem Startpunkt an der **S-Bahn-Station Mittlerer Landweg** links abgebogen, führt uns die gleichnamige Straße nordwärts schnurgerade auf die **Boberger Niederungen** ➊, in die wir, über den Kreisel hinweg, sogleich eintauchen. Seit sie 1991 zum Naturschutzgebiet erklärt wurden, bahnt sich die Natur in herrlichster Weise ihren Weg. Die Brücke überquert, lenken wir links in den Sandweg entlang der **Bille**, während sich rechter Hand der Blick über Feuchtwiesen erhebt, welche bald in einen Auwald übergehen. Diesen umradeln wir automatisch über eine Brücke und kreuzen bald darauf zurück ans nördliche Billeufer.

Nach etwa 300 Metern zweigen wir an einer Gabelung schräg rechts ab, halten uns bei der darauffolgenden Wegauffächerung links und finden uns bald an einer Kreuzung vor dem Boberger Baggersee wieder. Wir folgen dem schattigen Pfad entlang des Badegewässers nach links. Zum Ende des Sees radeln wir weiter geradeaus auf dem Walter-Hammer-Weg, der hier, westlich des **Flugplatzes Boberg** ➋, von urigen Kratteichen gesäumt ist.

An der nächsten Gabelung folgen wir dem (schwer lesbaren) Holzschild rechts in den **„Rundweg Segelfluggelände"**. Für knapp 1 Kilometer staunen wir über startende Segelflieger; zu unserer Linken breitet sich das urwüchsige **Achtermoor** aus. Über 40 Rote-Liste-Arten bietet der sumpfige Erlenbruchwald eine Heimat. Neben Moorfrosch und der seltenen Torf-Mosaikjungfer-Libelle treibt auch der

*Zur Brennholzgewinnung wurden die sogenannten **Kratteichen** einst immer wieder gekappt und recken heute ihre starken, korkenzieherartig gewundenen Äste gen Himmel.*

*Stolze **62 Libellenarten** schwirren durch Naturräume des Hamburger Stadtgebietes. Sie gelten als guter Indikator für den Gewässerzustand. Interessierte können sich den „Altas der Libellen Hamburgs" im Internet kostenlos herunterladen.*

Dünen & Seen

Boberg bis Öjendorfer See

fleischfressende Wasserschlauch in den Moorteichen sein Unwesen.

Stets links haltend, umfahren wir das Achtermoor. So gelangen wir automatisch auf den ansteigenden Unterberg. Die Straße führt – hinweg über die alte Bahntrasse – auf die Straße **An der Kreisbahn** weiter, parallel zu den Gleisen.

Das nächste Andreaskreuz ist bald erreicht. Dort geht es links zurück auf den Walter-Hammer-Weg, dem wir Richtung Süden entlang des Achtermoors folgen. (Der Wanderweg direkt um das Moor ist nicht immer zugänglich, daher ist dieses die alternative Route.) Bergsandglöckchen schmücken den Sandpfad mit blaulilafarbenen Tupfern. Nach rund 600 Metern schwenken wir automatisch in eine Rechtskurve. Wir radeln entlang der Felder; ein Tunnel unterquert die bald kreuzende A 1. An der T-Kreuzung zweigen wir nach rechts auf den Weg **An der Steinbek** ab und stoßen bald wieder auf die Schienen der Kreisbahn, welche hier die **Glinder Au** überqueren.

Bille

Kratteichen in den Boberger Niederungen

Nach links abgebogen, radeln wir zunächst auf der Steinbeker Reihe und für einen guten Kilometer auf dem breiten Radweg (Billstedter Bahnstieg) zwischen Gleisbett und Bergedorfer Straße weiter westwärts. Nachdem wir einen **alten Güterbahnhof** passiert haben, weist bald ein Hinweisschild nach rechts Richtung Öjendorfer Park. Wir schwenken nach rechts, unterqueren nacheinander Bergedorfer Straße und Billstedter Hauptstraße, um rechts des **Schleemer Bachs** weiter gen Norden zu rollen. Entlang dieses wunderbar schattigen Grüngürtels queren wir die Möllner Landstraße und können bald das fröhliche Jauchzen aus dem Freibad des **Bäderlandes Billstedt** ③ vernehmen.

Für die Seele

Längs der Bille, durch urige Bruchwälder und rund um den Öjendorfer See lockt die Radtour mit erfrischenden Abkühlungen – und zum Bad in Dünen.

Nach der Unterführung der Archenholzstraße wechselt der Pfad auf die linke Seite des Baches und führt – noch vor dem nächsten Tunnel – rechts hinauf zur **Glinder Straße**. Dieser folgen wir für 700 Meter und zweigen an einer Ampelkreuzung links in den **Reinskamp**, welcher in den **Öjendorfer Park** ④ führt.

Bevor wir Hamburgs drittgrößten Park erkunden, wollen wir köstliche Wegzehrung pflücken: Erdbeeren! Im Juni und Juli schwärmen Jung und Alt in die hiesigen **Felder des Erdbeerhofes Glantz** ⑤ aus, um Körbe mit den süßen Sommerfrüchten zu füllen. Perfekt für ein Picknick am **Öjendorfer See**, welcher sich vor uns auftut, nachdem wir vom Reinskamp kommend auf dem Weg Grootmoorredder geradeaus weiter durch den kleinen Waldabschnitt radeln. Ein circa 3 Kilometer langer Wanderweg führt uns im Uhrzeigersinn um den Badesee. Genüsslich fliegen wir entlang seines Ufers und durch die großzügige, hügelige Parkanlage an der Ostseite. Vorbei an zwei Bade-

Badestelle im Öjendorfer Park

Erdbeeren zum Selbstpflücken

stellen, genießen wir eine Pause am **Kiosk 6**. An seinen rustikalen Holztischen mit herrlichem Seeblick schmecken die Pommes Frites, das Eis oder ein kühles Getränk gleich doppelt so lecker.

Von hier aus weitergeradelt, zweigen wir links in einen Sandweg ein, passieren ein Minigolf-Feld und biegen an der nächsten Kreuzung abermals nach links ab. Den Weg parallel zur Driftredder fahren wir gut 600 Meter und biegen an der Stelle, wo linker Hand ein hoher Maschendrahtzaun endet, rechts in eine kleine Stichstraße ab, die in **Driftredder** mündet. Nach links schwenkend, überfahren wir die nahe Kreuzung geradeaus, verbleiben auf der Straße Hegenredder und erreichen das Ortsschild **Oststeinbeks**. Nach Querung der A 1 wechselt der Straßenname in **Meessen**. Nach rund 1 Kilometer durch ein Gewerbegebiet gelangen wir an eine Sternkreuzung. Hier fahren wir schräg links in einen namenlosen Sandweg. Wegen des lockeren Sandes

muss auf diesem kurzen Abschnitt geschoben werden, dafür können wir einen Blick auf den weitläufigen **GolfRange Hamburg-Oststeinbek** 7 erhaschen.

Nach nur etwa 100 Metern offenbart sich ein idyllisches Fleckchen. Vor dem dahinplätschernden **Hegengraben** zweigt rechts eine geschwungene Allee ab. Von diesem Pfad aus heftet sich der Blick auf zwei solitäre Eichen, zwischen denen eine Bank zum Innehalten einlädt. Dem Weg weiter folgend, durchfahren wir Oststeinbek auf durchweg grünen Pfaden gen Süden. Ein Fischreiher stakst durch einen bald erreichten **Teich**, Laub rauscht leise im Wind. Auf ein Schulgebäude zufahrend, zweigen wir links und sogleich wieder rechts in den Pfad längs des Forellenbachs ein und passieren einige Blühwiesen.

Bald kreuzen wir die Möllner Landstraße und radeln geradeaus weiter südwärts auf der **Stormarnstraße**. Oststeinbek hinter uns lassend, weitet sich der Blick hinweg über wogende Gras- und Getreidefelder. Weiter südlich begrüßt uns bald das Örtchen **Havighorst**. Vorbei an großen Höfen verbleiben wir auf der Dorfstraße, welche bald in die Boberger Straße übergeht. An der nächsten T-Kreuzung halten wir uns rechts und folgen der Straße Heidhorst, passieren die stillgelegten Trassen der Kreisbahn und die historische **Bahnhaltestelle Boberg-Havighorst**.

Nach 500 Metern auf Heidhorst treffen wir auf eine große Kreuzung und queren die mehrspurige Bergedorfer Straße. Von hier aus radeln wir schräg links auf der Straße **Am Heesen** durch ein ruhiges Wohngebiet.

Dieser Straße (Sackgassenschild ignorieren) folgen wir bis zum Ende. Dort führt ein etwas versteckter Wanderweg direkt ins grüne Dickicht der **Boberger Niederungen**. Bald muss (rechts) ein kurzer, recht abschüssiger Weg mit grob angelegten Stufen (schieben!) überwunden werden, der uns auf den **Walter-Hammer-Weg** führt. (Alternativroute siehe Kasten)

Wir folgen dem hölzernen Hinweisschild Richtung Ladenbeker Furtweg. Gen Osten rollend, genießen wir

*Um die abschüssige **Waldpassage** zu vermeiden, fährt man statt auf Am Heesen rechts in die Straße Am Langberg. Bei nächster Gelegenheit geht es links die Schulredder hinab, welche in den Weg Boberger Furt übergeht. Von diesem zweigt links der Walter-Hammer-Weg ab.*

Ehemalige Bahnhaltestelle

*Am **Geesthang** des Elbe-Urstromtals wurden bis vor 100 Jahren tonhaltige Böden für die Ziegelherstellung abgebaut. So entstand ein 50 Meter hoher Hang, dessen Bodenschichten freigelegt wurden. Heute gedeihen hier unter anderem prächtige Orchideen.*

die Etappe durch das herrliche Waldstück auf dem sogenannten Terrassenweg.

Für rund 1 Kilometer radeln wir auf dem oberen Terrassenpfad und fahren (oder schieben), kurz nachdem wir eine hölzerne Brücke passiert haben, den Pfad hinunter zum unteren Terrassenweg. Auf diesem geht es rechtsherum zurück Richtung Westen, während sich Trocken- und Magergrasflächen vor uns ausbreiten. Mit der Sonne im Gesicht könnten wir ewig weiterradeln. Zügig ist der Parkplatz an der Boberger Furt erreicht, hinter dem wir links abbiegen, um auf das **Boberger Dünenhaus** (8) hinzusteuern. Schon im Eingangsbereich summt und brummt es aus kreativ gestalteten Insektenhotels. Im Inneren des hölzernen Dünenhauses erklärt eine Ausstellung den Lebensraum der Bille und der Boberger Niederungen. Auch Info- und Kartenmaterial stehen kostenlos zur Verfügung.

Nun gilt es, ein ausgiebiges Picknick in den großen Dünen zu genießen. Hierzu radeln wir die Boberger Furt zurück und biegen auf Höhe des Parkplatzes links in den **Walter-Hammer-Weg** ein. Direkt zu Beginn führt links ein Wanderweg ins große Dünenfeld. Teils fahrend, teils schiebend (lockerer Sand), lassen wir die herrliche Landschaft auf uns wirken; die Räder am

Wegesrand angeschlossen, stapfen wir mitten hinein in den goldgelben Sand.

Auf der Weiterfahrt leitet uns der Pfad zurück auf den Walter-Hammer-Weg; es geht vorbei am Segelfluggelände und an verträumten Heideflächen. Wir steuern auf den **Boberger See** zu, den wir entlang seines nordöstlichen Ufers erkunden. Wochenendausflügler aalen sich auf der weitläufigen, mit großen Birken gespickten Liegewiese; die Kleinsten planschen zufrieden am kleinen Badestrand.

Von hier aus treten wir den Rückweg zum Ausgangspunkt an – in Vorfreude auf den kulinarischen Abschluss in der **Alten Deichkate** 9. Dazu radeln wir zunächst auf dem Radweg (Walter-Hammer-Weg) ein Stückchen zurück gen Osten, folgen bei nächster Gelegenheit rechts dem **Wegweiser Richtung S-Bahn Mittlerer Landweg**, um nach weiteren 300 Metern entlang einer Au scharf links in den Wiesenweg einzubiegen. Er ist gekennzeichnet durch das Symbol eines blauen Hasens und führt im Zickzack zurück zur Bille. Diese kreuzen wir über die bereits bekannte Brücke und zweigen am Kreisel rechts in den Billwerder Billdeich ab. Nach wenigen Metern erreichen wir die **Alte Deichkate**. Die Wände des historischen Hufnerhauses scheinen aus vergangenen Jahrhunderten zu erzählen. Schöner und entspannter als im hiesigen Biergarten lassen sich die Erlebnisse unserer Landpartie kaum Revue passieren. Von hier aus sind wir zügig zurück an der **S-Bahn-Station Mittlerer Landweg**.

Alte Deichkate

24
Barsbüttel
1
24
Schiffbeker Weg
Öjendorfer See
Öjendorfer Park
6
4
Schleemer Bach
Driftredder
Hegengraben
Forellenbach
7
5
Glinder Straße
Willinghusener Weg
Oststeinbek
Öjendorf
Möllner Landstraße
Schiffbek
3
Billstedt
Möllner Landstraße
1
Stormarnstraße
Kapellenstraße
Kirchsteinbek
Glinder Au
Dorfstraße
Mümmelmannsberg
An der Kreisbahn
Bille
Havighorst
Bergedorfer Straße
Am Langberg
2
Billwerder Billdeich
Boberger See
Boberger Niederung
Reinbeker Redder
1
5
8
Billwerder Billdeich
Lohbrügg
9
Mittlerer Landweg
P
Billwerder

Alles auf einen Blick

WIE & WANN:

Sand- und Asphaltbelag wechseln ab. Die Strecke ist ganzjährig befahrbar, nach länger anhaltenden Regenperioden besser meiden. Im Sommer grünt und blüht es am schönsten.

HIN & WEG:

Auto: P+R Mittlerer Landweg 53, 21033 Hamburg (GPS: 53.498212, 10.131866)
ÖPNV: S-Bahn-Station Mittlerer Landweg, Aufzug vorhanden

ESSEN & ENTSPANNEN:

Kiosk & Imbiss ❻ Öjendorfer See, 22117 Hamburg
Alte Deichkate ❾ Billwerder Billdeich 256, 21033 Hamburg, Tel. (0 40) 73 67 70 50, altedeichkate.de

ENTDECKEN & ERLEBEN:

Naturschutzgebiet Boberger Niederungen ❶
Flugplatz Boberg mit dem Hamburger Aero-Club ❷
Bäderland Billstedt ❸
Öjendorfer Park ❹
Erdbeerhof Glantz ❺ delingsdorf.glantz.de
GolfRange Hamburg-Oststeinbek ❼ Meessen 38, 22113 Oststeinbek, Tel. (0 40) 4 13 04 90, hamburg-oststeinbek.golfrange.de
Boberger Dünenhaus ❽ Boberger Furt 50, 21033 Hamburg, Tel. (0 40) 73 93 12 66, www.loki-schmidt-stiftung.de/boberg

Entspannung ✱✱✱✱✱
Genuss ✱✱✱✱✱
Romantik ✱✱✱✱✱

Historische Lindenallee in Seestermühe

- 34 Kilometer
- 129 Höhenmeter
- 4 Stunden
- Strecke

Glückseliger lässt es sich kaum starten als in einem Städtchen, dessen Grundsteinlegung Christian IV., König von Dänemark und Herzog von Schleswig-Holstein, 1617 mit folgenden Worten untermauerte: „Dat schall glücken und dat mutt glücken und denn schall se ok Glückstadt heten!“ (Das soll glücken, und das muss glücken und dann soll sie auch Glückstadt heißen!)

Vom **Bahnhof Glückstadt** biegen wir von der Bahnhofstraße links in die Große Kremper Straße, welche geradewegs auf den schönen **Marktplatz** führt – ein Ort zum Staunen: Das backsteinerne Rathaus im Renaissancestil, die Stadtkirche aus dem 17. Jahrhundert und historische Bürger- und Kaufmannshäuser rahmen den weitläufigen Platz. Wie Sonnenstrahlen führen zwölf schnurgerade Straßen auf diesen Platz zu, an dessen Südwestseite ein Fleth verläuft.

Wer mehr über die spannende Gründungsgeschichte Glückstadts erfahren möchte, plant vor der Weiterfahrt einen Abstecher ins nahe **Detlefsen-Museum im Brockdorff-Palais** ❶ aus dem 17. Jahrhundert ein – mit spannenden Artefakten aus der Zeit der dänischen Herrschaft.

Wo ein Fleth ist, kann der Hafen nicht weit sein: Stets der frischen Brise folgend, radeln wir via Am Fleth rechts in die Große Deichstraße, welche uns geradewegs an die nördliche Kante des **Binnenhafens** bringt. Bildschöne historische Giebelhäuser und ein alter Salzspeicher treffen hier auf weiße Segler, Aus-

Großes Elbkino

Glückstadt, Elbe & Elmshorn

Mit der Begründung der Heringsfischerei 1893 nahm am Hafen die ***Glückstädter Matjestradition*** *ihren Anfang. Noch heute werden alljährlich die Glückstädter Matjeswochen gefeiert.*

flugsschiffe und historische Ewer, die im Hafenbecken schaukeln. Wir umfahren das Becken an seiner Ostseite und gelangen so auf die Straße **Am Rethövel**. Infotafeln in Heringsform erzählen hier von der großen Glücksburger Matjestradition – bis heute der Exportschlager der Stadt.

Vorbei an Jugendherberge und Sperrwerk fahren wir nach links den Deich hinauf und halten uns an der Weggabelung rechts, um direkt entlang des Deiches zu radeln, welcher uns zu unserer Rechten treu begleiten wird. Und nicht nur der: Blökende, flauschige Wollknäule werden uns ab sofort beste Gesellschaft leisten. Entzückende Lämmer schmiegen sich an ihre Mütter oder halten Siesta. Auch wir lassen innerlich los. Das Navigationsgerät können wir auf den nächsten 10 Kilometern getrost ignorieren, unser Kompass ist die Elbe.

Bei nächster Gelegenheit überfahren wir den Deich auf geteerten Wegen und rollen nun direkt zwischen grünem Deich und Wasserkante Richtung Osten. Der stramme Westwind schiebt uns durch die malerische

Glückstädter Hafen

Strand Bielenberg

Uferlandschaft. Welch ein Genuss, Lungen und Seele mit erfrischender Elbluft zu füllen, während wir auf das nächste Highlight zusteuern: Es ist der breite, goldgelbe Badestrand in **Bielenberg**. Nach einem Bogen um den Parkplatz und das Hafenbecken breitet er sich vor uns aus.

Auch in der Nebensaison genießen Spaziergänger diesen rund 600 Meter langen Strand, dem „weltbesten, schönsten Platz zum Sonnenuntergang“, wie Florian Heyn zu berichten weiß. Der junge Glücksburger betreibt hier seit 2015 den **Kiosk Strandfloh** ②. Er verwöhnt Besucher mit belgischen Pommes und Currywurst, mit Matjesbrötchen und frisch gezapftem Bier. Großes Elbkino gibt es gratis dazu: Stromauf- und

Für die Seele

Vom Rückenwind getragen und von „dicken Pötten“ begleitet, rollen wir beseelt entlang Elbe und Krückau. Mit dabei ist eine große Portion Glück.

stromabwärts schieben sich Segler, Jachten und riesige Containerschiffe durch den breiten Strom. Bielenberg ist ein wunderbarer Ort, um die Kraft und Weite dieser maritimen Umgebung auf sich wirken zu lassen. (Jedoch Vorsicht beim Baden wegen starker Strömungen!)

Weiter rollen wir entlang der Waterkant, flankiert vom immergrünen Deich. Bald ragt der rot-weiße **Leuchtturm von Steindeich** empor, einige Kilometer später die rot-weiße „Nadel“ in Kollmar. Wir radeln hinunter zur Mole und überblicken Strand, Hafen und rechter Hand die **Strandoase** ③, einen mobilen, knallroten Imbiss.

Statt direkt an der Elbe weiterzuradeln, fahren wir links des **Fährhauses Kollmar** ins Dorf hinein, vorbei am **Café Sünnschien** ④, um sogleich rechts (noch vor der ElbDiele) in den Weg **Am Deich** einzubiegen.

Schmucke, reetgedeckte Fachwerkhäuser zieren die Etappe entlang des Entwässerungskanals. Wir passieren Höfe und einen Campingplatz, bis die Straße in

Strandoase Kollmar

Ringelgänse zwischen Kollmar und Krückau-Sperrwerk

der Ortschaft **Lühnhüserdeich** einen 90-Grad-Linksknick macht. Hier fahren wir jedoch rechts den schmalen, asphaltierten Weg zurück auf den Deich und genießen das Naturschauspiel vor uns: Tausende Ringelgänse rasten zufrieden schnattern auf den Wiesen, satt vom fetten Elbmarschengras. Dann heben sie, perfekt choreografiert, nacheinander ab und schwingen sich durch die Lüfte.

Mit Schwung und Rückenwind lassen auch wir uns den Deich hinunterrollen und folgen dem Radweg für rund 2,5 Kilometer bis zum **Krückau-Sperrwerk** 5. Die Drehbrücke bringt uns ans andere Ufer. Achtung: Das Sperrwerk ist nur vom 1. Mai bis zum 30. Oktober zu bestimmten Zeiten passierbar, unbedingt vorab über die Zeiten informieren.

Auf dem **Deichverteidigungsweg** radeln wir entspannt ostwärts in Richtung **Seestermühe**, bis wir zwischen zwei Angelteichen links in den Bauerndamm biegen. Dieser führt auf den Seestermüher Deich zu, knickt dann nach links ab. Über den Weg Achtern

!

*Auf dieser Tour radeln wir fast durchweg auf dem offiziellen **Elberadweg**. Er verläuft von der Quelle im Riesengebirge bis zur Mündung in Brunsbüttel. Aufgrund des nicht durchgängig geöffneten Krückau-Sperrwerks führt die offizielle Route über Elmshorn.*

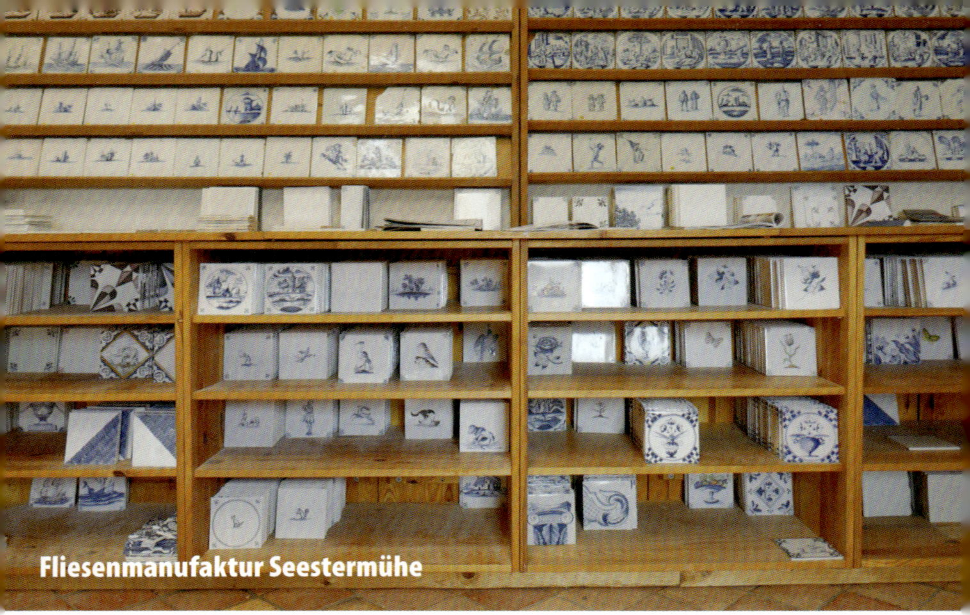

Fliesenmanufaktur Seestermühe

Diek schwenken wir schließlich rechts in die Dorfstraße ein. Im Frühjahr zaubern Magnolien hübsche Farbtupfer in manch einen Garten.

Noch mehr Schönheit erwartet uns in der **Fliesenmanufaktur** ⑥ von Claudia van Hees. Über Nörn biegen wir links in die Straße **Am Altenfeldsdeich** ein und stehen bald vor der Hausnummer 6. Von außen leicht zu übersehen, finden Besucher im Verkaufsraum schönste, handbemalte Delfter Fliesen. Sie sind verziert mit Walfängern oder Blumenmotiven bis hin zur holländischen Tierserie. Claudia van Hees, leidenschaftliche Keramikerin, verwendet historische Motive, die bis ins 17. Jahrhundert zurückreichen. Jede Fliese ist ein Unikat. Im Nebenraum dürfen wir einen faszinierten Blick über die Schulter der Fayence-Malerin werfen. Gekonnt kreiert sie wunderbare Kunstwerke.

Zurück auf der Dorfstraße folgen wir dieser für rund 800 Meter, bis wir linker Hand die **Alte Viehwaage** ⑦ erreichen, ein Café samt Landrösterei. Ein schöner Pausenstopp.

Es geht zurück auf die Dorfstraße, bis wir kurz darauf rechts in die Straße Nörn schwenken, um an einer weißen Villa – und einem Schild Richtung Bürgerhaus – abermals nach rechts in die Schulstraße abzubiegen. Nun radeln wir direkt auf die legendäre **historische Lindenallee** 8 zu. Vorbei am Burggraben und der Gutsverwaltung stehen wir bald an einer T-Kreuzung. Geradeaus führt ein Fahrradwegweiser in den kleinen Sandweg Richtung Lindenallee. Ehrfürchtig schreiten wir zwischen den 700 Meter langen Baumdoppelreihen hindurch. Stolze 572 Kopflinden zählt diese Doppelallee. Seit 300 Jahren breiten sie hier ihr Wurzelwerk aus. Im 18. Jahrhundert bildete die Lindenallee den Mittelpunkt einer großen, barocken Gartenanlage und steht heute unter Natur- und Denkmalschutz.

Derzeit rauscht kein Westwind durch ihr Blätterdach; die uralten Bäume wurden jüngst gestutzt, um sie gesund zu erhalten. Die Stämme erinnern nun an Dorische Säulen. Die Allee strahlt Ruhe und Klarheit, Schutz und Beständigkeit aus. Von ihrem Zentrum fällt der Blick auf das Gutshaus und – in entgegengesetzter Richtung – auf das **historische Teehaus**. Wie viele Menschen in 300 Jahren hier entlangflaniert sein mögen?

Café Alte Viehwaage mit Landrösterei

Unter dem Reetdach eines Resthofes aus dem Jahr 1778 heißt Julia Lundström Radler herzlich willkommen. In ihrem ***Heimathafen*** *locken Tee, Kaffee und sowie selbst designte Wohn- und Vintage-Artikel. Hier herrscht Hygge! Öffnungszeiten beachten.*

Wir verabschieden uns von diesem besonderen Ort und radeln rechts am Teehaus vorbei auf die kleine Stichstraße Stiegstück, welche direkt auf die Straße Mühlendeich trifft. Nach rechts abgebogen, dürfen wir die letzten rund 10 Kilometer Richtung Elmshorn im Windschatten des grünen **Krückau-Deichs** radeln, der uns nicht von der Seite weichen wird. Auf der Tour durch das lang gestreckte **Seesterauchdeich** und schließlich Seester kommt ein Bullerbü-Gefühl auf, so friedlich wirkt es. Da passt ein kleiner Abstecher in den **Heimathafen** 9 Seester, in dem wir nicht nur nach schönen Deko- und Geschenkartikeln stöbern, sondern auch einen Kaffee genießen dürfen.

Wo Seester endet, rollen wir auf dem Katastrophenweg im Schutz des Deiches die letzten 4 Kilometer bis nach Elmshorn. Zu unserer Rechten breiten sich Wiesen und Felder aus. Schließlich gelangen wir auf die Heinrich-Hertz-Straße, in die wir nach links einbiegen, um nach rund 100 Metern wieder links in einen kleinen Weg abzuzweigen, der uns das letzte Stück entlang des Deichs zur mehrspurigen **Wester-**

straße leitet. Erneut links abgebogen, folgen wir dieser für rund 600 Meter, bis gegenüber der Ampelkreuzung die backsteinernen, legendären Kölln-Werke (Haferflocken!) emporragen. Wir kreuzen auf die Hafenstraße und lassen uns zum Südufer hinabrollen, wo uns erneut die **Krückau** empfängt.

Bei nächster Gelegenheit queren wir den Fluss über die Straße Wedenkamp und lenken sogleich nach rechts in die Straße **Damm** ein, die auf das Herzstück der Innenstadt zuführt: die **St.-Nikolai-Kirche**. Schiebend flanieren wir durch Elmshorns beschauliche Fußgängerzone; durch die Marktstraße und schließlich über die Königstraße geht es zum Bahnhof. Flugs das Fahrrad in die Bahn bugsiert, gleiten wir auf Schienen zurück nach Altona, beflügelt von den kostbaren Eindrücken unserer „Glückstour“. Wer sein Auto in Glückstadt geparkt hat, nimmt den Zug zurück zu unserem Startpunkt.

Julia Lundström im Heimathafen Seester

Glückstadt
Kremper Rhin
Grillchaussee
Herzhorn
Herzhorner Rhin
Kiebitzreihe
Rhinplate
Im Neuland
Obendeich
Schleuer
Altenmoor
Bullendorf
L 100
L 118
Elmshorn
Besenbek
Raa-Besenbek
Bielenberg
L 288
431
Kloster-
sande
Steindeich
Kollmar
Elbe
Neuendorf
bei Elmshorn
L 109
Heidmühlenweg
Schedeweg
Ruthenstrom
Kronsnest
Seester
Klein Nordende
Krückau
Seesteraudeich
Pagensander Nebenelbe
Schwarz-
tonnen-
sand
Asselersand
Deichverteidigungsweg
Roßkamperdamm
Bauerndamm
Seestermühe
Sonnendeich
L 107
Groß Nordende
Pagen-
Haseldorfer Binnenelbe
1
2
3
4
5
6
7
8
9

Alles auf einen Blick

WIE & WANN:

Überwiegend asphaltiert, zu großen Teilen Radwege.
Achtung: Das Krückau-Sperrwerk ist nur zwischen 1. Mai und 30. Oktober passierbar.

HIN & WEG:

Auto: Parken rund um den Bahnhof, etwa Am Festungsgraben 2, 25348 Glückstadt (GPS: 53.788623, 9.431335)
ÖPNV: Regionalbahn ab Hamburg-Altona nach Glückstadt (extra Waggons für Fahrräder); zurück ab Bahnhof Elmshorn Richtung Altona (oder nach Glückstadt bei Anfahrt mit dem Auto)

ESSEN & ENTSPANNEN:

Strandfloh Bielenberg ❷ Bielenberg 49 a, 25377 Kollmar, Tel. (0 41 28) 9 41 55 20, www.strandfloh-bielenberg.de
Strandoase Kollmar ❸ mobiler, knallroter Kiosk am Hafen Kollmar
Café Sünnschien ❹ Schulstraße 2, 25377 Kollmar, Tel. (0 41 28) 4 73, www.cafe-suennschien.com
Alte Viehwaage ❼ Landrösterei & Café, Dorfstraße 50 a, 25371 Seestermühe, Tel. (0 41 25) 9 58 88 33, www.alte-viehwaage.de

ENTDECKEN & ERLEBEN:

Dethlefsen-Museum Glückstadt ❶ Am Fleth 43, 25348 Glückstadt, Tel. (0 41 24) 93 05 20, www.detlefsen-museum.de
Krückau-Sperrwerk ❺
Fliesenmanufaktur Claudia van Hees ❻ Am Altenfeldsdeich 6, 25371 Seestermühe, Tel. (0 41 25) 95 82 22, www.fliesenmanufaktur.de
Historische Lindenallee ❽
Heimathafen Seester ❾ Seesteraudeich 60, 25370 Seester, Tel. (01 57) 30 12 22 51, www.heimathafen-seester.de

Entspannung ✱✱✱✱✱
Genuss ✱✱✱✱✱
Romantik ✱✱✱✱✱

Die GPS-Daten zu jeder Tour gibt es auf
www.droste-verlag.de

Konzeption: Droste Verlag, Düsseldorf
Satz: Vollnhals Fotosatz, Neustadt a. d. Donau
Einbandgestaltung: Britta Rungwerth, Düsseldorf, unter Verwendung von Bildern von © Fotolia.com: Andrey Kuzmin, undrey, dabost, niroworld; © stock.adobe.com: Christian Horz
Fotos: Dörte Nohrden, außer: S. 62: Otto-von-Bismarck-Stiftung/Jürgen Hollweg; S. 68: Felix Amsel; S. 89: Thomas Gramlow; S. 145: Tourismusmanagement Stormarn
Karten: Thorsten David, Bochum
Druck und Bindung: LUC GmbH, Greven

FSC www.fsc.org MIX Papier aus verantwortungsvollen Quellen FSC® C011279

ISBN 978-3-7700-2323-3
www.droste-verlag.de